...que ses yeux malins épiaient furtivement la voie publique, ses jolis doigts travaillaient avec dextérité.
Page 3, col. 2.

LA BELLE DRAPIÈRE

PAR ÉLIE BERTHET.

I

LA BOUTIQUE DU GRAND-SAINT-MARTIN.

Rien ne ressemblait moins à nos fashionables *magasins* modernes que les *boutiques* sombres et humides où les Parisiens allaient acheter, il y a deux cents ans, les objets de luxe ou de nécessité. A cette époque primitive, où l'industrie nationale n'avait pas pris son essor, si toutefois elle était née, c'est-à-dire pendant la minorité de Louis XIII, il y avait dans la vieille rue de la Tixeranderie, non loin de l'Hôtel de Ville, une boutique fréquentée, dont la description succinte pourra donner une idée assez exacte de ce qu'était alors la demeure d'un marchand à la mode.

La rue de la Tixeranderie, même de nos jours, n'est ni large, ni propre, ni bien aérée; qu'on juge donc de ce qu'elle devait être dans un siècle où la propreté et la salubrité de la ville étaient à peu près laissées à l'arbitraire de chaque habitant. Mal pavée, fangeuse, elle formait en toutes saisons un de ces affreux cloaques dont les exhalaisons malsaines rendaient alors si dangereux le séjour de Paris.

La maison dont nous nous occupons était située vers le centre de la rue, à peu près à la hauteur de celle du Coq, entre deux autres bâtiments dont l'un avançait d'un pied sur la voie publique, tandis que l'autre rentrait d'autant.

Du reste, cette maison, ainsi que ses voisines, avait cette forme particulière qui distinguait les habitations bourgeoises du moyen-âge; le pignon était tourné du côté de la rue, le premier étage surplombait, et la façade laissait voir les poutres croisées qui formaient la charpente : le toit était couronné par des gargouilles et des chimères de plomb, qui, en temps de pluie, versaient avec libéralité des torrents d'eau sur les passants.

Pour se garantir de ces inondations fréquentes, on était alors en usage de munir le devant des boutiques de vastes auvents; mais, en égard à l'état de vétusté dans lequel on les laissait, ils n'offraient guère d'autre avantage que de priver les rez-de-chaussée du peu d'air et de lumière restant dans ces rues étroites. Tel était du moins le résultat de l'énorme auvent de bois, chef-d'œuvre du genre, qui couronnait la boutique en question : les ais pourris et disjoints de cette pesante machine, menaçaient d'une chute prochaine les chalands qui entraient et sortaient à chaque instant.

Ce gigantesque abat-jour soutenait, à une hauteur convenable, une plaque de tôle sur laquelle était représenté un chevalier armé de toutes pièces, partageant son manteau avec un mendiant demi-nu; autour de ce magnifique morceau de peinture était écrit en gros caractères : AU GRAND SAINT MARTIN, *Nicolas Poliveau, vend du drap et du velours.* C'était l'enseigne dans toute sa naïveté.

Aucun vitrage ne s'opposait à la libre introduction du vent dans la boutique; deux épais battants en chêne se repliaient sur les murailles et formaient une large ouverture béante. De chaque côté étaient disposées de petites tables, de forme antique, chargées de pièces de drap ou de velours pour servir de montres; un apprenti veillait sans cesse sur ces marchandises ainsi étalées, qui pouvaient tenter la cupidité des filous et des mendiants. A travers cet échafaudage mobile, le regard pénétrait dans le magasin, dont les parois étaient couvertes du bas en haut d'étoffes empilées.

Au fond, un vieil escalier à vis, lourd et criard, conduisait aux étages supérieurs, et servait, ainsi que la boutique, de passage banal aux personnes de la maison. Sous la cage de cet escalier, une sorte de niche vitrée était le cabinet et la caisse du maître de l'établissement; de là, tout en compulsant ses registres, il pouvait surveiller ses commis ou ses *apprentis,* comme on disait alors.

Une longue table, dont les pieds s'enfonçaient dans le plancher, régnait d'un bout à l'autre du magasin; mais le jour était si sombre, que ce comptoir n'avait pas une grande utilité. Avant de terminer aucune acquisition, les défiantes pratiques transportaient ou faisaient transporter par le vendeur sur le seuil de la porte la pièce qu'ils avaient choisie, afin de s'assurer de la couleur ou de la qualité réelle de l'étoffe; de la sorte presque tous les marchés se concluaient dans la rue, sous l'auvent protecteur.

Tout misérable que puisse paraître aujourd'hui, à nos élégants négociants du boulevard, cet établissement d'autrefois, vers l'année 1612, il jouissait, comme nous l'avons dit, d'une vogue merveilleuse.

Nicolas Poliveau, son propriétaire, était un marchand de vieille roche, honnête, loyal, incapable de tromper ses pratiques sur la qualité de ses marchandises ou de *surfaire* le prix. D'ailleurs, personnellement, l'estimable drapier du Grand-Saint-Martin appartenait à l'aristocratie de la bourgeoisie, si l'on peut s'exprimer ainsi. Il avait été maître de la confrérie des drapiers, et, en cette qualité, il avait porté le dais à l'entrée de Marie de Médicis à Paris. De plus, il avait exercé pendant plusieurs années la charge d'échevin au bureau de la ville, ce qui, aux termes de l'ordonnance de Henri III, lui avait conféré la noblesse, et le bonhomme n'était pas peu fier de cet avantage, quoiqu'il ne voulût pas en convenir.

Par suite de cette illustration municipale, sa boutique était le rendez-vous des plus riches seigneurs et des plus nobles dames. Souvent la rue était encombrée par les carrosses armoriés des duchesses, les mulets de prélats et les genets de gentilshommes; une légion de pages et de laquais barbotait dans la boue fétide qui environnait la maison, et les voisins en voyant tous ces trains somptueux s'arrêter à la porte du drapier, crevaient de jalousie.

Cependant cette faveur n'était pas due entièrement à la bonne réputation dont jouissait l'ancien échevin et à la qualité supérieure de ses tissus de soie ou de laine; il est juste de faire la part qui revenait dans cette affluence à une jeune et jolie personne, mademoiselle Rosette Poliveau, sa fille unique, qui trônait d'ordinaire comme une reine derrière le comptoir paternel.

Rosette, petite brune, à la figure espiègle et mutine, était pourvue de ces grâces engageantes particulières aux marchandes parisiennes. Elle avait tout juste cette coquetterie qui irrite et qui décide, sans compromettre celle qui l'emploie. Elle était irrésistible, surtout pour les hommes, quand elle vantait le reflet et la finesse d'un drap ou d'un velours; les jeunes seigneurs venaient de l'autre bout de Paris pour acheter l'étoffe d'un pourpoint choisie par *la petite Rosette, la fille à Poliveau* ou *la Belle drapière,* car on donnait ces divers noms à la jeune marchande. Il était de bon ton au Louvre d'avoir fait ses acquisitions chez elle, et la réponse ordinaire d'un petit-maître, si l'on critiquait la nuance de son manteau, était qu'il n'avait rien trouvé de plus galant « chez la fille à Poliveau. »

On sent que la petite bourgeoise devait être bien glorieuse de la vogue étourdissante dont elle jouissait, et la pensée avait dû lui venir plus d'une fois « d'échanger son chaperon de drap contre un chaperon de velours », suivant l'expérience du temps, c'est-à-dire d'épouser un de ces beaux jeunes seigneurs qui venaient coqueter autour d'elle.

Plusieurs l'aimaient éperdument; mais, quoiqu'elle fût légère, inconsidérée et peut-être un peu vaine, Rosette était sage au fond. Aussi, la calomnie n'avait-elle jamais trouvé à mordre sur elle, et il n'était bruit dans toute la rue de la Tixeranderie que de sa sagesse.

Néanmoins, certains galants avaient cru voir quelques encouragements personnels dans les sourires gracieux, les cajoleries, le gentil babil que Rosette prodiguait aux chalands, mais ils s'étaient aperçus bientôt qu'ils avaient confondu la jeune marchande avec la marchande; on ne leur avait accordé rien de plus, rien de moins qu'aux autres pratiques.

Plusieurs avaient voulu se montrer entreprenants et se permettre avec elle de ces licences pour lesquelles les marchandes d'alors n'étaient pas très-sévères, si l'on en croit certains ouvrages satyriques, mais ils avaient été sur le point de s'en repentir. L'un d'eux, profitant de l'absence de maître Poliveau, osa un jour dérober un baiser à Rosette ; tout à coup les deux apprentis fondirent sur lui, l'un armé de longs ciseaux du métier, l'autre brandissant une demi-aune ; force fut à l'insolent de s'enfuir au plus vite, tout gentilhomme qu'il était, car les courtauds de boutique l'eussent infailliblement assommé.

Tels étaient donc les éléments de succès du Grand-Saint-Martin ; ajoutons que depuis deux siècles, les Poliveau étaient drapiers de père en fils, que la boutique avait été toujours au même lieu, avec les mêmes dispositions intérieures et extérieures, que l'enseigne se balançait à l'auvent vénérable depuis le règne de Charles VII ; ajoutons encore que maître Nicolas, en sortant de charge, avait libéralement abandonné à son quartier la ligne d'eau à laquelle avaient droit les échevins, d'où l'on avait construit, à l'angle de la rue du Mouton, une jolie fontaine qui portait son nom, et l'on comprendra suffisamment de quelle popularité devait jouir le marchand dans la bonne ville de Paris.

Malheureusement toute médaille a un revers. Après avoir énuméré les causes de l'accroissement et de la grandeur de la maison Poliveau, il faut bien que nous parlions des sinistres rumeurs qui se répandaient sur sa prochaine décadence, à peu près à l'époque où commence cette histoire.

Tant qu'il avait fait les affaires de la municipalité, à l'Hôtel de Ville, le marchand avait négligé les siennes dans sa boutique ; les beaux yeux et le gracieux babillage de Rosette n'avaient pas empêché le cours des soies et des laines de varier d'une manière désastreuse pour lui. Enfin, les grandes dames et les gentilshommes qui fréquentaient sa maison, n'étaient pas très-exacts à payer leurs mémoires. Poliveau avait, disait-on, reçu plus d'une bourrade pour s'être montré trop pressant chez telle ou telle de ses nobles pratiques. Aussi prenait-on déjà avec lui des airs piteux, des mines hypocrites ; on allait jusqu'à avancer en petit comité que le pauvre échevin pourrait bien se trouver dans la nécessité de faire banqueroute, qu'on le verrait peut-être un jour obligé de porter le bonnet vert, ce qui serait bien triste, pour la corporation des drapiers et pour ses amis, etc., etc. Nous ne pourrions répéter tout ce que disaient les charitables confrères de Poliveau, mais nous saurons bientôt jusqu'à quel point ces bruits fâcheux étaient fondés.

Un matin, avant l'heure où les chalands de qualité avaient coutume d'arriver, Rosette était déjà à son poste dans la boutique paternelle. Le maître était absent, et sa fille, assistée des deux apprentis, qui allaient et venaient autour d'elle d'un air affairé, se préparait à le remplacer de son mieux.

Mademoiselle Poliveau était vêtue avec simplicité, obéissant en cela aux règles de la modestie et aux lois somptuaires encore en vigueur ; mais ses ajustements, en étoffes de laine, avaient un air de propreté et d'élégance qu'eût envié une grande dame. Son casaquin brun, fort juste, soigneusement fermé autour du cou, à la mode de Flandre, faisait admirablement ressortir les contours de sa taille de guêpe. Sa tunique très-ample, à grands plis, était assez courte pour laisser voir deux petits pieds chaussés d'escarpins noirs. Une fraise loyautée couvrait, sans les cacher, ses épaules finement cambrées. Du reste, elle n'avait ni mouches, ni roses de rubans alors appelées assassins, mignons, galants, etc., et comme si cette toilette, tant soit peu puritaine, eût encore paru trop mon-

daine à la jolie bourgeoise, elle portait un tablier de serge fort simple, qu'on nommait un devantier. Enfin, elle avait pour coiffure le chaperon de drap, signe caractérisque de sa condition.

Malgré le désavantage de ce costume, Rosette était charmante, et les gens qui traversaient la rue de la Tixeranderie à cette heure matinale, ne manquaient pas de jeter sur elle un regard d'admiration.

La jeune boutiquière était assise à sa place ordinaire, derrière une des montres qui obstruaient la large entrée du magasin. De là, elle bravait la curiosité trop vive des promeneurs, en se ménageant avec soin les moyens de satisfaire la sienne ; car à travers les paquets de marchandises formant l'étalage, la petite sournoise pouvait examiner à loisir ce qui se passait dans la rue et même chez ses voisins.

Cependant il ne faut pas croire que ce fût là une occupation suffisante pour Rosette Poliveau ; à cette époque, une jeune fille de son état se fût crue déshonorée de se montrer oisive chez elle ; aussi pendant que ses yeux malins épiaient furtivement la voie publique, ses jolis doigts tricotaient avec dextérité un gros bas de laine destiné à maître Poliveau.

En tout temps Rosette avait eu une bonne dose de cette vivacité féminine qui fait de l'isolement et du silence les plus grands supplices de la femme ; mais il semblait que, ce jour-là particulièrement, elle eût des motifs secrets d'observer les passants avec attention ; on eût dit qu'elle éprouvait un désappointement secret de ne pas voir paraître une personne attendue.

A mesure que la matinée s'avançait, sa figure prenait une expression d'impatience et de mécontentement. Plusieurs fois elle interrompit son travail et se pencha en avant pour observer quelque cavalier se glissant le long des maisons, enveloppé dans son manteau, mais aussitôt elle remettait en mouvement ses doigts agiles et dévidait en soupirant son peloton de laine.

La préoccupation extraordinaire de leur jeune patronne n'échappa pas aux deux apprentis occupés à ranger les meubles et les paquets au fond de la boutique, mais sans doute ils en connaissaient la cause, car ils échangeaient de temps en temps des signes d'intelligence en la regardant.

Avec des qualités très-opposées, les apprentis de Nicolas Poliveau rendaient également service à leur maître. Le plus âgé des deux était un grand jeune homme de vingt-cinq ans ; son pourpoint et son haut-de-chausses, quoique en simple drap brun, étaient toujours de la coupe la plus récente, et sa perruque était toujours frisée avec un soin particulier. Actif, intelligent, il avait des manières insinuantes qui plaisaient fort aux pratiques ; c'était lui qui déployait les pièces de drap ou de velours sur un signe de Rosette, et il ne manquait jamais de placer un mot convenable pour aider l'éloquence de sa jeune maîtresse. Du reste, on disait que Giles Poinselot, ainsi s'appelait l'apprenti, était un garçon orgueilleux, ayant des idées au-dessus de son état, ce qui lui avait attiré force sermons de la part de maître Poliveau. Certaines gens assuraient que le dimanche, lorsque la boutique était fermée, Giles s'habillait en cavalier, mettait à son côté une épée brune, plantait un chapeau à plumes et allait faire le gentilhomme au Cours-la-Reine ou dans le voisinage du Louvre ; plusieurs voisins juraient qu'ils l'avaient reconnu ; mais comme le cas avait paru au bourgeois de la plus haute gra vité, il n'avait pas voulu croire sans preuves positives, et la chose n'avait pu encore être éclaircie.

L'autre apprenti, par contraste, était petit, trapu, lourd et silencieux. C'était la bête de somme de la maison ; c'était lui qui transportait d'un bout à l'autre de la boutique les lourdes pièces d'étoffe, et qui les remettait en place après le départ du chaland. Il se montrait aussi insouciant pour sa mise que son confrère était scrupuleux ; la plupart des nombreuses aiguillettes qui, suivant la mode du temps, joignaient son haut-de-chausses à son pourpoint, n'étaient pas attachées ou l'étaient de travers. Comme sa perruque était toujours mal peignée, par l'habitude de porter des fardeaux sur sa tête, on l'avait surnommé dans le voisinage l'*Ébouriffé.*

Nous nous empressons d'ajouter qu'il n'était pas prudent de donner ce sobriquet au grossier apprenti et de l'appeler différemment que Guillaume Leroux, son véritable nom. L'Ébouriffé parlait rarement et toujours avec un laconisme extrême ; mais il était homme d'action, et à la première provocation il tombait sur son adversaire avec des poings énormes qui eussent assommé un bœuf.

Tels qu'ils étaient, ces deux jeunes gens s'entendaient admirablement sur tous les points ; il y avait entre eux une sorte d'association où l'un mettait pour apport son intelligence, l'autre sa force musculaire. D'ailleurs tous les deux avaient été réunis par un instinct et par un sentiment commun ; ils aimaient, chacun à part soi et à sa manière, leur jeune maîtresse.

Ce sentiment qui eût dû les désunir n'avait fait que les rapprocher davantage ; voyant Rosette sans cesse entourée de jeunes et galants seigneurs qui croyaient avoir le droit de lui dire en riant et avec légèreté ce que tous deux n'osaient s'avouer à eux-mêmes, convaincus que la belle drapière, enorgueillie par ces brillants hommages, ne laisserait jamais tomber un regard sur ses obscurs soupirants, ils avaient ressenti une haine profonde pour la noblesse. Tous les petits-maîtres, qui fréquentaient la boutique de Poliveau, devenaient les ennemis des apprentis ; quand l'un d'eux parlait familièrement à Rosette, on eût vu Giles rougir ou pâlir tandis que Guillaume grinçait des dents dans son coin. Mais si l'on poussait la familiarité jusqu'à l'insolence avec la marchande, Giles s'écriait tout à coup : « Sus, sus, Guillaume ! » alors chacun empoignait, qui sa demi-aune, qui ses ciseaux énormes, et force était au galant de détaler au plus vite.

Dans la matinée dont nous parlons, les apprentis partageaient jusqu'à un certain point le malaise évident de leur jeune maîtresse ; tous les deux avaient l'air triste et consterné, car un malheur menaçait Poliveau.

A cette époque, déjà si loin de nous, les commis et les domestiques ne se regardaient pas comme étrangers dans la maison où l'on avait accepté leurs services ; ils s'attachaient à leurs maîtres dont ils suivaient également la bonne ou la mauvaise fortune ; enfin, ils se croyaient membres de la famille. Aussi la tristesse des jeunes gens s'expliquait-elle naturellement par celle de la belle drapière.

La patience de Rosette fut à bout lorsque au carillon d'une église voisine sonna midi ; mademoiselle Poliveau laissa tomber son peloton à terre et murmura avec dépit, peut-être sans s'en apercevoir :

— Mon Dieu ! il ne viendra pas !

Cette exclamation décida Giles Poinselot, qui rôdait depuis quelques instants autour de la jeune fille, à s'approcher. Il s'élança pour ramasser le peloton, et il lui présenta d'un ton d'intérêt :

— Bon courage, demoiselle ; corbleu ! faut-il s'effrayer ainsi ? Le bourgeois ne peut tarder à rentrer et sans aucun doute il aura complété les dix mille écus qu'il doit payer demain, à pareille heure, à cet insigne usurier de Jacomeny !...

Rosette le regarda fixement comme si elle n'eût pas compris le sens de ces paroles ; puis elle se remit à son ouvrage en disant avec légèreté :

— Oui, oui, maître Giles, je ne suis pas inquiète... tout cela s'arrangera facilement, j'en suis sûre.

Cette indifférence pour l'importante affaire dont Poliveau était occupé sembla affecter désagréablement l'apprenti.

— Quoi ! Rosette, demanda-t-il plus bas, ignorez-vous donc que si cette somme n'était pas payée demain, avant midi, il faudrait... En vérité, je n'ose pas dire ce qu'il adviendra de nous tous !

Rosette fit une petite moue impertinente.

— Allez à votre ouvrage, maître Giles, dit-elle avec humeur ; vous êtes triste comme le clocheteur des trépassés... L'on croirait, à vous entendre, que l'on va fermer demain la boutique du Grand Saint-Martin, et que mon père a déjà tous les sergents du Châtelet à ses trousses... Allez à votre ouvrage, vous dis-je ; voici l'heure de la vente, et les pratiques ne tarderont pas à paraître.

L'apprenti baissa la tête d'un air confus.

— Je ne voulais pas vous offenser, Rosette, et puisque ce n'est pas le retard du bourgeois qui cause vos inquiétudes...

— Et pourquoi l'absence de mon père m'inquiéterait-elle donc aujourd'hui plus que les autres jours ? Il est allé demander de l'argent à quelques-uns de nos riches débiteurs ; il n'y a pas de doute qu'il n'en rapporte tout-à-l'heure plus qu'il n'en a besoin...... M. le maréchal doit seul, tant pour lui que pour sa maison, près de trois mille écus, et la duchesse de Liche...

— Ce n'est pas sur ces grands personnages que le bourgeois a dû compter pour rembourser Jacomeny, s'écria l'apprenti avec amertume ; non, non, ne le croyez pas, demoiselle.... si cela était, tout serait perdu ! Heureusement, il doit passer aussi chez son compère Gandillot, le gros drapier de la rue Grenetat, et c'est ce qui me rassure... Guillaume et moi, ajouta-t-il en jetant un regard de côté sur l'autre apprenti, nous savons comment ces riches gentilshommes traitent ceux qui viennent leur demander de l'argent.

Guillaume manifesta son assentiment par un juron qui retentit sourdement dans les cavités de sa large poitrine.

— Vous oubliez, dit la jeune fille avec hauteur, la différence que les gens de qualité mettent entre mon père et vous ! Ils y regarderaient à deux fois avant de traiter cavalièrement un homme qui a été échevin de la ville et qui a été sur le point d'être prévôt. Car, afin que vous le sachiez, maître Giles, nous touchons de très-près à la noblesse ; il n'a tenu qu'à mon père de faire enregistrer ses lettres patentes au parlement. Cela ne coûterait, dit-on, que mille livres. Mais vous avez toujours eu une sotte haine pour la noblesse, Giles, vous et ce pauvre niais de Guillaume... Prenez garde l'un et l'autre, ces folies vous empêcheront de réussir dans le commerce!

Poinselot soupira et alla reprendre sa besogne en silence au fond du magasin.

Quelques moments s'écoulèrent encore. Tout à coup Rosette tressaillit, se pencha vers la porte et murmura d'une voix inintelligible : — Le voici enfin!...

Mais presque aussitôt elle reprit tout haut d'un ton d'impatience :

— Non, c'est le comte de Manle, ce seigneur qui est toujours suivi d'un régiment de pages et de laquais... Allons, messieurs, préparez-vous à le recevoir... un siége pour monsieur le comte.

Les jeunes gens s'empressèrent d'aller chercher au fond de la boutique un vieux fauteuil destiné aux pratiques d'importance.

— Il vient peut-être apporter les cent trente livres de la pièce de velours qu'il doit depuis six mois, dit l'incorrigible Giles en regardant sa jeune maîtresse.

— Paix! reprit-elle avec autorité; n'allez pas lui parler le premier de cette bagatelle... d'autant plus que monseigneur paraît bien triste et bien abattu aujourd'hui.

Au moment où elle achevait ces paroles, le comte entrait dans la boutique, soutenu par deux de ses gens; Rosette se leva précipitamment pour le recevoir.

II

LES PRATIQUES.

Ce personnage, âgé de quarante à quarante-cinq ans, bien fait quoique un peu obèse, d'un teint encore frais et dont la moustache soigneusement cirée n'avait aucune teinte grisonnante, était vêtu avec toute la recherche d'un courtisan accompli.

Sa fraise à *confusion* était garnie des plus riches dentelles, son pourpoint était d'un magnifique taffetas orné de roses en rubans de la plus grande fraîcheur. Son haut-de-chausses écarlate, ouvert à la ceinture, avait une ampleur démesurée. Ses aiguillettes étaient d'or; ses ladrines, ou larges bottes, découpées sur le coude-pied, laissaient voir un bas-incarnadin, suivant la mode récemment inventée par Pompignan. Par-dessus son ample perruque blonde était posé coquettement un chapeau rond, ombragé d'un fier panache. Il portait au côté une grande épée de duel de l'espèce appelée à *coquille*; de longs éperons dorés résonnaient à ses talons, quoiqu'il fût venu à pied.

Le comte de Manle, puisqu'on donnait ce nom et ce titre à ce cavalier, était sombre et abattu, comme l'avait remarqué Rosette; telle était sa préoccupation qu'il ne parut même pas voir la jeune bourgeoise lorsqu'il entra dans la boutique.

Il s'appuyait d'un côté sur un homme à petit collet, entièrement vêtu de noir, qu'on pouvait prendre pour son secrétaire, de l'autre sur un laquais en riche livrée, sans doute son valet de chambre. Tous les deux montraient pour lui les attentions les plus respectueuses; il dirigeait sa marche avec précaution, comme si dans l'état de prostration morale où il se trouvait, il eût été incapable de se conduire lui-même. Sous l'auvent de la boutique se tenaient deux autres laquais d'assez méchante mine, ressemblant plutôt à deux coupe-jarrets qu'à des valets de bonne

maison. Ces gens, à l'exemple de leur maître, affectaient une contenance triste et consternée.

Rosette alla au-devant de l'étranger et lui fit sa plus gracieuse révérence. Mais le distrait seigneur ne porta pas la main à son chapeau.

— Votre servante, monsieur le comte, répéta Rosette en s'inclinant plus bas et en prenant sa voix la plus caressante.

Le comte ne répondit pas et s'avança machinalement vers le siége que les apprentis avaient préparé.

— Monseigneur, puis-je savoir...

— Chut! fit le secrétaire d'un air mystérieux en appuyant un doigt sur sa bouche.

— Chut! répéta le valet de chambre avec une sorte d'effroi.

Rosette et les apprentis se regardèrent tout ébahis, ne sachant à quoi attribuer cette étrange visite. Les deux domestiques établirent leur maître en silence dans un fauteuil, au milieu du magasin. Lorsqu'il fut assis, il resta morne, immobile dans la position où on l'avait mis, les bras pendants, l'œil fixe et terne, comme un cataleptique.

Alors le secrétaire et le valet de chambre se retirèrent à quelques pas derrière lui, en faisant tous les signes d'une profonde douleur. Rosette se glissa vers eux et murmura à l'oreille de l'homme vêtu de noir :

— Sainte mère de Dieu! monsieur le secrétaire, qu'est-il donc arrivé à votre maître? lui, toujours si galant, si empressé, si prévenant...

— Monseigneur a reçu hier une fâcheuse nouvelle de ses terres, répondit le secrétaire d'une voix sépulcrale; depuis ce moment il est dans l'état où vous le voyez.

— Depuis vingt-quatre heures il n'a pris ni repos, ni nourriture, ajouta le valet de chambre d'un ton dolent en portant la main à ses yeux comme pour essuyer une larme invisible; nous allons perdre là un bien bon maître!

Rosette jeta un regard sur le visage frais et vermeil du comte; elle ne put s'empêcher de penser que le noble seigneur n'avait pas trop mauvaise mine après un jeûne aussi long. Cependant elle reprit d'un ton d'intérêt :

— La nouvelle que monseigneur a reçue est donc bien terrible?

— Oh! oui, bien terrible! répondit le secrétaire en détournant la tête, pendant que le valet de chambre poussait un gros soupir.

— Excusez ma curiosité, messieurs, mais enfin qu'est-il donc arrivé à M. le comte?-A-t-il appris la nouvelle de la mort de quelqu'un de ses parents?

Le secrétaire secoua la tête.

— Son château est-il brûlé? a-t-il perdu sa fortune?

A cette question, l'un prit un air de pitié dédaigneuse, l'autre d'indignation.

— Son château, mademoiselle! vous voulez dire *ses* châteaux, car il en a huit dont le moindre est aussi beau que le Louvre... Pour qui prenez-vous notre maître et nous qui le servons?

— Sa fortune! répéta l'autre, les bourgeoises ont de singulières manières de parler!... La fortune de monseigneur?... Mais sa fortune se compose du magnifique comté de Manle, qui contient trois villes, cent cinquante villages, dont cent vingt à clocher, des forêts, des lacs, des rivières... Je ne crois pas que tout cela puisse se perdre comme la bourse d'un vieux ladre de marchand qui revient de la foire de Saint-Germain !

Cette aigreur fit monter le feu au visage de la jeune fille ; cependant la curiosité l'emporta sur son ressentiment.

— Mais alors, messieurs, expliquez-moi vous-même...

— Ce qui est arrivé coûtera la vie à bien du monde ! reprit le secrétaire avec distraction ; monseigneur a juré de faire pendre tous les coupables... et il le peut, car sur ses terres il a droit de haute et basse justice .. il ne pardonnera à personne !

— Le croyez-vous, monsieur? demanda le valet d'une voix triste ; mon maître n'est cependant pas cruel !

— Il est vrai, mais dans cette famille la moindre affliction leur fait perdre la tête... J'ai lu dans un manuscrit, qui est encore à la bibliothèque de Manle, que le comte Adhémar IV, le bisaïeul de monseigneur, fit écarteler quinze croquants parce qu'on avait oublié de fermer un connivert où il pensa se noyer.

— Espérons que notre excellent seigneur n'en viendra pas là.

Ce dialogue avait lieu à demi-voix, en présence de Rosette et des apprentis, qui s'étaient approchés pour écouter. La jeune fille, voyant que ses instances ne pouvaient arracher aux domestiques le secret de la douleur du comte et le motif de sa venue, allait regagner sa place avec dépit ; enfin le secrétaire reprit avec plus de courtoisie qu'auparavant :

— Gardez-vous, mademoiselle, de montrer un air gai à monseigneur, s'il vient à vous adresser la parole ; il ne vous pardonnerait pas d'être joyeuse lorsqu'il a l'esprit affligé, et vous pourriez payer cher cette légèreté inopportune... vous perdriez infailliblement sa pratique, je vous en avertis.

— Oui, elle est belle, la pratique! grommela Giles.

— Je ferai de mon mieux, monsieur, répondit la jeune fille, mais il eût fallu peut-être me mettre dans la confidence du chagrin de monseigneur.

Le secrétaire jeta un regard interrogateur à son compagnon comme pour lui demander son avis ; le valet de chambre laissa échapper un signe d'assentiment.

— Eh bien donc, reprit l'homme de confiance en baissant la voix et en regardant autour de lui d'un air inquiet, vous saurez que, par la faute de M. de Nangis, majordome du château de Manle...

— Eh bien ?

— La biche privée que monseigneur aimait tant, qui allait et venait dans les appartements du château, est morte il y a trois jours... un courrier en a apporté la nouvelle hier matin !

Cette révélation fut faite d'un ton solennel ; celui qui parlait semblait frappé d'effroi et de douleur. La maligne Rosette échangea un coup d'œil avec Giles Poinselot, et elle eût peine à retenir un violent éclat de rire. Mais la mine renversée des deux suivants, la présence du comte, et, plus que tout cela, l'habitude de supporter patiemment les ridicules de ceux qui fréquentaient la boutique, la retinrent à temps. Elle reprit en tournant la tête :

— C'est, en effet, un grand malheur ! M. le comte aimait donc bien cette biche privée, que sa mort l'affecte à ce point?

— S'il l'aimait ! dit le secrétaire en levant les yeux au ciel ; une si belle et si noble bête ! oh ! oui, il l'aimait, et nous l'aimions tous comme lui !

— Oh ! oui, tous, répéta le valet de chambre.

— Mais enfin, messieurs, reprit Rosette, ennuyée peut-être de ces lamentations, puisque monseigneur ne parle pas, me direz-vous du moins pour quel motif il est entré chez nous ?

Le valet de chambre s'adressa au secrétaire.

— Savez-vous, monsieur, ce que demande cette jeune fille ? Notre maître ne m'a rien dit de son projet.

— Je crois, répondit l'autre, d'un air indifférent, qu'il est venu chez Poliveau acheter du drap noir pour habiller de deuil tous ses écuyers et tous ses pages, en mémoire de sa biche bien-aimée.

— Et sans doute il veut ce drap à crédit, comme la pièce de velours, dit Giles Poinselot avec une colère concentrée, sans s'inquiéter d'être entendu par le comte et par ses gens.

Le secrétaire et le valet de chambre jetèrent des regards furibonds sur l'insolent apprenti, et il fut heureux pour lui qu'en ce moment le silencieux seigneur parût sortir enfin de son abattement. Le comte de Manle tourna lentement la tête à droite et à gauche, comme pour reconnaître où il était ; puis tout à coup il s'écria, avec cet accent italien qu'affectaient alors, pour flatter la reine et le maréchal d'Ancre, tous ceux qui fréquentaient la cour ou qui se vantaient de la fréquenter :

— Eh mais, sour ma parole, ze souis cez mon ami de Poliveau, le roi des marçands drapiers !... et ze veux que le Diavolo m'emporte si ze sais comment ze souis venou ici !

Puis, apercevant enfin Rosette qui lui faisait une nouvelle révérence, il se leva courtoisement, ôta son chapeau et reprit avec la galanterie puérile du temps ·

— Ventrebleu ! mademoiselle, ze comprends maintenant ce qui m'attire dans cette boutique, ce sont vos beaux yeux qui brillent comme des escarboucles et qui sont comme un fanal pour les pauvres voyageurs !

Rosette était trop habituée à entendre des compliments du même genre pour faire grande attention à celui-ci. Cependant, elle répondit modestement qu'elle n'osait croire que monseigneur se fût dérangé pour si peu.

— Si veramente ! s'écria le comte qui, pour le moment, semblait avoir oublié complètement la biche privée, vous ne savez pas, mademoiselle, combien il est question de vous dans la bonne compagnie... ze vous dirai en confidence qu'il y a trois zours, on a parlé de vous au cabinet de la reine.

— On a parlé de moi chez la reine ! s'écria la jeune coquette, dont les yeux brillèrent de plaisir.

— C'est comme z'ai l'honneur de vous le dire, et z'ai même entendu monsieur le maréchal... Mais qu'est ceci ? continua de Manle en jetant un regard sur sa personne ; qui m'a accommodé de cette façon ? Dieu me damne, me voilà galamment attifé pour paraître une zolie demoiselle comme la fille de mon cer ami de Poliveau, dans le logis d'un échevin de Paris !

Rosette regarda ce qui, dans la toilette du comte, pouvait ainsi exciter sa colère.

Pas un de ses rubans n'était dérangé. Cependant, il appelait ses gens à grands cris pour le mettre, disait-il, dans un état plus digne de se montrer aux beaux yeux de la charmante drapière. Les laquais, qui étaient à la porte de la boutique, accoururent pour aider le valet de chambre à réparer le désordre imaginaire du costume de leur maître.

— Holà ! coquins, pendards, ze vous sasserai tous, disait-il avec une colère peut-être feinte pendant que ses gens s'empressaient autour de lui ; on n'a pas mis de parfum à ma perruque, et on a posé de travers mon *assassin* !... Mais, ventrebleu, ce n'est rien encore ! continua-t-il en allongeant une main blanche et potelée, à demi-cachée par de larges manchettes de dentelles, on ne m'a pas mis de bagues. Ze crois !... Où est mon valet de bagues ?

— Je suis ici, monseigneur, dit un des laquais d'un ton respectueux.

— Sers donc ton maître, maraud, reprit le comte en lui tendant les doigts. Ze te ferai écorcer vif si tu ne remplis pas mieux ton devoir.

Le laquais tira gravement de sa poche un petit écrin contenant plusieurs bagues d'une grande valeur, du moins en apparence ; il les passa au doigt de monseigneur qui enfin se radoucit un peu.

— Allons, c'est bien, reprit-il avec un geste insouciant, laissez-moi maintenant avec ma sarmante et bonne amie, mademoiselle Rosette, que z'aime horriblement...

Les domestiques s'éloignèrent de quelques pas. Le comte croisa les jambes et se renversa dans le fauteuil pour se mettre à l'aise : cependant il gardait le silence ; la jeune fille, embarrassée, reprit sa place près du comptoir.

— Je vois avec plaisir, monseigneur, dit-elle enfin, que vous supportez le chagrin avec plus de courage que tout à l'heure, et cette biche privée...

Le gentilhomme tressaillit ; sa physionomie changea tout à coup.

— Que dites-vous ? reprit-il avec un accent de désespoir ; c'est donc bien vrai qu'elle est morte, cette pauvre Diane, cette pauvre bice de mon âme ?.. Ze l'avais oubliée... sur ma parole, votre zentil minois m'avait fait oublier cette cère bête, quand ze donnerais oun million d'or pour la ressousciter ! Oh ! mon Diou ! que ze souis malheureux !

En même temps il se cacha le visage et parut sangloter.

— Quelle imprudence, mademoiselle ! dit le secrétaire d'un ton de colère ; votre cœur est donc aussi dur qu'un rocher ! Voyez dans quel état vous avez mis mon pauvre seigneur !

Bien que Rosette sympathisât peu avec la douleur ridicule de sa pratique, elle ne put s'empêcher d'exprimer le regret d'avoir réveillé ce violent désespoir.

— Ne parlons plus sur ce triste sujet, reprit bientôt de Manle en poussant un gros soupir et en frottant ses yeux rouges avec un mouchoir de dentelles ; cruelle et barbare demoiselle ! votre présence avait versé sur mes blessures un baume dont vos paroles ont détruit tout l'effet !

— Comme c'est galant et bien tourné ! dit le secrétaire à demi-voix, et que nous avons là un excellent maître !

— Mais que venais-ze faire cez mon ami de Poliveau ? continua le comte en portant la main à son front, comme pour aider sa mémoire ; *veramente !* ze crois que z'avais oune raison... mais ze souis si bouleversé... Ah ! z'y souis, ajouta-t-il d'un ton mélancolique, ze voulais soisir une centaine d'aunes de drap noir pour habiller mes zens ; ze ne veux pas que ma bice cérie soit mise en terre sans que personne porte son deuil ! ze veux du drap du premier soix, tout ce

qu'il y a de plus beau et de plus cer... Mais il n'y a donc pas le bonhomme ? Faudra-t-il donc que ze revienne ?

— Il n'est pas nécessaire que mon père soit ici pour terminer cette affaire, dit Rosette en se levant ; si monseigneur veut prendre la peine de choisir lui-même les étoffes, on les enverra à l'hôtel qu'il désignera.

— Ze m'en rapporte à vous, ma belle enfant ; soisissez ce qu'il faut ; souvenez-vous seulement que ze veux ce qu'il y a de plus beau et de plus cer...

— J'espère que monseigneur sera content, répondit Rosette en faisant signe aux apprentis de chercher les marchandises demandées.

Mais ni l'un ni l'autre ne bougea ; ils chuchotaient à l'écart en regardant le muguet qui s'allongeait et se donnait des grâces au milieu du magasin.

— Mais z'y pense, reprit le comte tranquillement, vos courtauds de boutique (c'étaient les apprentis qu'il désignait ainsi) vous sont sans doute nécessaires et ils ne pourraient porter un si lourd fardeau... Ze veux pourtant avoir ce drap auzourd'hui même ; z'enverrai mes zens le serser dans deux heures...

— Eh bien, monseigneur...

Au moment où la jeune marchande allait accepter cette proposition, Giles Poinselot s'élança vers elle et lui dit avec vivacité :

— Prenez garde, Rosette, à ce que vous allez promettre.

— A qui en avez-vous, maître Giles ?

— J'ai la certitude que ce seigneur est un...

— Que veut ce courlaud ? demanda le comte insolemment, sans tourner la tête vers le jeune apprenti, et pourquoi se mêle-t-il à notre entretien ?

— Je dis, reprit le jeune homme pâlissant de colère, qu'il serait imprudent de faire crédit de cent aunes de drap à un habitué du brelan de la *Pomme-d'Or*... surtout lorsqu'on l'a vu jouer avec des dés pipés....

Un éclair d'indignation et de surprise parut sur le visage du comte de Manle ; ses gens avaient tous l'œil sur lui, prêts à obéir au moindre signe. De son côté, Giles avait appelé du geste son ami l'Ébouriffé, et ses formidables ciseaux ; mais le comte, après avoir jeté un regard inquisiteur sur l'apprenti, partit d'un éclat de rire qui fit trembler la boutique.

— Tête-Dieu ! s'écria-t-il en se renversant dans son fauteuil, voici oun plaisant coquin !... Ze zurérais que le manant s'habille quelquefois en zentilhomme et qu'il va risquer sa pistole à la *Pomme-d'Or*, comme un homme de qualité... Mais oui, ze me souviens maintenant, continua-t-il en examinant Poinselot avec un redoublement de rires et de moqueries ; celui-là est le beau cavalier que z'ai ploumé dimanche dernier... Quoiqu'il fît bon compagnon, ze m'étais douté que ce n'était pas un vrai zentilhomme. rien qu'à voir comment son épée s'engazait sous ses zambes et comment il attaçait sa fraise !... Pardieu ! ze vais bien divertir quelques bons compagnons en leur racontant l'aventure !

Les laquais partageaient cette hilarité autant que le permettait le respect. Rosette elle-même ne put s'empêcher de sourire, mais elle reprit aussitôt d'un ton sérieux, en s'adressant à Poinselot qui baissait la tête :

— Cela est-il vrai, maître Giles ? avez-vous réellement osé vous glisser parmi les gentilshommes et...

— Eh bien, oui, demoiselle, répliqua l'apprenti avec un effort de courage ; je l'avoue, une sotte cu

Je déclare donc que ce prétendu gentilhomme, malgré son grand air... — Page 8, col. 1re.

riosité, le désir de prendre le ton et les manières de ces gens de qualité qui vous plaisent tant, m'ont poussé deux ou trois fois dans un tripot, fréquenté par les jeunes seigneurs... Vous le direz au bourgeois, il me chassera honteusement de la boutique, je le sais bien; mais j'aime mieux être traité comme je le mérite, que de voir le bon maître dont j'ai mangé le pain pendant cinq ans être dupe d'un fripon... Je déclare donc que ce prétendu gentilhomme, malgré ses grands airs, est renommé à la Pomme d'Or comme un aigrefin qui sait jouer la carte pliée, la longue, la cirée; il est expert dans toutes les filouteries; en deux tours de main il m'a eu gagné mon argent... j'ai appris ces détails d'un pauvre diable qui avait été témoin de ma mésaventure, et qui avait été autrefois victime de l'adresse de ce galant... Quoiqu'il fréquente des gens d'une véritable distinction, ce comte de Manle est soupçonné de vivre de ses profits au jeu; on ne lui connaît ni terres ni revenus, et la plupart du temps on ignore où il demeure. On dit aussi que ses prétendus valets... mais je me tais. Vous en savez assez pour refuser à un intrigant ce crédit de cent aunes de draps; une pareille perte serait fatale en ce moment à notre excellent bourgeois!

Il avait fallu sans doute un grand fond de probité au jeune apprenti pour le décider à faire ce pénible aveu. Tandis qu'il parlait, son front ruisselait de sueur, tout son corps était agité par un tremblement nerveux. Les domestiques du comte, en entendant traiter leur maître de filou et d'aigrefin, exprimaient par leurs gestes une violente indignation.

— Monseigneur, demanda le valet de chambre en jetant sur Giles des regards menaçants, le respect seul nous empêche d'échiner cet insolent en votre présence... Mais si vous voulez le permettre...

— Non, non, dit le comte d'un ton langoureux en riant toujours, ze trouve que ce faquin est très-amousant. Ze m'amouse beaucoup, mais beaucoup!... Et cela est une distraction au sagrin que me cause cette pauvre Diane bien-aimée! Est-ce que l'on fait attention à ce que disent les marauds de cette espèce? D'ailleurs, il a tout perdu avec moi, et il faut bien lui pardonner d'être un peu mauvais zoueur, puisqu'il n'est pas de la noblesse!

On comprend l'embarras de Rosette. Les révélations hardies de l'apprenti repentant avaient un air d'honnêteté et de bonne foi bien capable d'éveiller ses scrupules; d'un autre côté, les vices des grands seigneurs étaient si effrénés à cette époque, il était si ordinaire de voir des gentilshommes tricher au jeu ou faire pis, que la jeune fille ne savait pas s'il y avait dans cette accusation un motif suffisant de se brouiller avec celui-ci.

Dans cette perplexité, elle tournait fréquemment les yeux vers la rue, comme si elle se fût attendue à voir paraître son père, qui pouvait seul lever toute difficulté.

En ce moment, un nouveau personnage se montra sur le seuil de la porte. Rosette poussa un cri de surprise et de joie: cependant ce n'était pas son père qui entrait.

Et s'avança rapidement vers le magasin. — Page 11, col. 1re.

Le nouveau venu, jeune cavalier de dix-sept à dix-huit ans au plus, avait des traits nobles, réguliers, sa lèvre supérieure était ombragée à peine par une moustache naissante. Il était mis aussi richement que le comte de Manle, mais ce qui dans la mode du temps sentait l'affectation ridicule avait été banni de sa toilette. Ainsi il ne portait pas de perruque, et ses beaux cheveux blonds tombaient en longues boucles sur ses épaules. Du reste, son pourpoint de satin et son haut-de-chausses étaient du meilleur goût ; le manteau de velours brodé d'or qui flottait sur son épaule gauche lui donnait un air leste et pimpant. Malgré son extrême jeunesse, il écarta les laquais du comte qui étaient restés à la porte, avec le geste fier et digne d'un homme habitué à commander.

Son regard s'était d'abord arrêté sur Rosette, qui rougit et baissa les yeux. L'élégant cavalier ôta son chapeau à plumes, s'inclina gracieusement devant elle et, sans même s'apercevoir qu'il y avait là d'autres personnes, il allait lui faire son compliment, lorsque tout à coup le comte de Manle accourut vers lui, les bras ouverts :

— Eh ! c'est, ma foi, ce cer petit marquis de Villenègre ! s'écria-t-il avec une joie exagérée. Sur ma vie, il faut que ze l'embrasse !

Le marquis de Villenègre ne parut pas extrêmement satisfait de la rencontre dès qu'il eut reconnu à qui il avait affaire. Cependant il fit bonne contenance, et se prêta aux politesses importunes du comte de Manle.

— Eh ! que deviens-tou donc ? continuait celui-ci en retenant par la main le jeune gentilhomme, et ce cer duc de la Villenègre, ton père, et cette bonne ducesse, ta mère, comment se portent-ils ? Ne vont-ils pas bientôt mourir et te laisser ce zoli ducé de Villenègre où l'on dit qu'il y a de si belles sasses ?... On ne te voit plus dans le cabinet du roi, ni au Cours-la-Reine, ni aux églises, et c'est dommage, car beau et fier comme tu es, tu feras ton cemin auprès des dames, c'est moi qui te le dis.

Ce ton de familiarité et d'égalité entre les deux gentilshommes pourrait donner la pensée qu'ils étaient liés ou du moins qu'ils se connaissaient depuis longtemps ; cependant il n'en était rien. A cette époque il suffisait que deux hommes de qualité, ou réputés tels, se fussent vus deux ou trois fois dans un jeu de paume ou dans un cabaret, pour autoriser ces ridicules démonstrations d'amitié ; c'était précisément le cas du comte de Manle et du marquis de Villenègre.

— Mon cher de Manle, dit le jeune homme impatienté en cherchant à dégager son bras et à couper court à ces longs compliments, tu m'excuseras si...

— Tou ne m'écapperas pas comme ça, frère, reprit l'autre en riant ; je ne t'ai pas vou depuis le zour où je te gagnai quelques centaines d'écus sur parole... Ne porte pas la main à ta bourse... tou me rendras ça oune autre fois ; ze suis en fonds pour le moment. Ze sais que M. le duc, ton père, ne te donne pas plus de pistoles qu'il ne faudrait... Mais veux-tu que ze te dises pourquoi tu te caces comme ça ? c'est que tu es amoureux, marquis... Ze gage cent pistoles que tu es amoureux !

Le marquis rougit et sa rougeur se refléta sur le visage de Rosette. Le comte de Maule n'était pas homme à laisser cette circonstance inaperçue. Il se tut tout à coup et regarda fixement les deux jeunes gens, dont cet examen augmenta le trouble. Le bourreau n'en tint compte et prit plaisir à prolonger leur malaise en ajoutant d'un ton railleur:

— Z'ai rêvé une sose, marquis, c'est que tu n'ès pas amoureux d'oune grande dame, mais de quelque petite bourgeoise fraîce et zoliette à croquer... C'est toujours ainsi qu'on commence; on n'ose pas d'abord s'adresser aux ducesses, qui sont pourtant de bonnes et houmaines créatures... et voici, continua le comte en frisant sa moustache, un compagnon qui pourrait t'en dire des nouvelles!

— Tu te vantes, frère, tu te vantes, dit le marquis, saisissant avec empressement l'occasion de détourner la conversation, et si j'osais devant mademoiselle répéter certains mauvais bruits qui courent sur toi...

Mais le comte était trop matois pour prendre ainsi le change.

— Laissons ces mauvais bruits, interrompit-il précipitamment, et causons de toi... Tu avoues donc que tu es amoureux d'un *choperon de drap*... de la fille d'un bourzeois, veux-je dire?

— Je n'ai rien avoué, s'écria Villenègre avec vivacité.

— Ah! tou veux faire le discret, tou as raison, mon zeune ami, c'est de cette façon que ze souis moi-même... Mais, dis-moi, la belle partaze sans doute ta flamme?

— En vérité, s'écria le jeune Villenègre, oubliant à qui il parlait, et jetant un coup-d'œil à la dérobée sur Rosette, depuis deux mois je n'ai pas même pu obtenir d'elle la faveur de lui parler sans témoins!

Le comte partit encore d'un grand éclat de rire; le marquis ne savait s'il devait partager cette hilarité ou s'en fâcher tout de bon.

— Oh! le fameux cevalier du temps du roi Arthur! s'écriait de Maule; comme je reconnais bien là mes commencements!... mais, entre nous, frère, ze vois bien que, pour être si peu avancé dans tes amours, après deux mois de soins, tu ne t'es pas adressé à oune ducesse!

Le marquis cherchait une occasion de querelle, afin de se débarrasser des obsessions de ce fâcheux.

— Comte, reprit-il d'un ton sec, vous en voulez bien aux duchesses... vous oubliez que madame ma mère...

— Eh! qui te parle de ta respectable mère, que z'aime et que z'honore de toute mon âme? Ce n'est pas que les ducesses de soixante ans, comme elle qu'il s'azit, et tou le sais bien... Mais tou as beau faire, ze souis connu en bon lieu; ze souis oun rafiné d'honneur et z'ai quelque peu de couraze... aussi tou ne me décideras pas à t'appeler sour le pré, parce que ze te tiens pour un galant homme et mon ami.

— Cependant, comte, vos quolibets sur les duchesses...

— Tou veux que nous ne parlions plus des ducesses! eh bien, parlons des bourzeoises... Tu dis donc que la cruelle décire ton pauvre cœur! Elle s'amendera, l'inhumaine!...Car enfin, z'en appelle à cette très-agréable et très-honorable demoiselle Rosette de Poliveau (et en parlant ainsi le comte avait pris le marquis par la main et l'avait placé en face de la jeune fille, dont cette action hardie redoublait l'embarras); regardez ce beau visage, continua-t-il en désignant

le front noble et pur de Villenègre, voyez ces yeux qui brillent comme des diamants, ce teint de lis et de roses, cette moustace bien troussée, et dites-moi, ze vous prie, si vous avez jamais vu un plus sarmant cavalier?

Cette interpellation bouffonne acheva de faire perdre contenance aux jeunes gens.

— Monseigneur, bégaya Rosette en tortillant un coin de son tablier, sans vouloir nier les mérites de M. le marquis, vous comprenez qu'il n'appartient pas à une jeune fille telle que moi...

— Mais ce n'est rien encore! reprit l'imperturbable panégyriste, mon très-cer ami Villenègre a de l'esprit, de la naissance, et on dit que le ducé qu'il doit avoir oun zour vaut deux cent mille écus... Avec ça il est brave, beau zoueur, et toutes les dames de la cour raffoleraient de lui s'il voulait seulement zeter sur elles oun pauvre petit regard de compassion... Eh bien, dites-moi, la méçante qui cause son tourment, ne devrait-elle pas plutôt être fière d'avoir un galant si accompli?

Rosette, à qui s'adressait cette question, ne répondit rien: Villenègre, qui, malgré le ridicule de sa position, suivait avec anxiété chaque mouvement de la belle drapière, interrompit son singulier ami avec une sorte de dépit:

— Grâce, mon cher de Maule, ne vois-tu pas que tu mets mademoiselle à la torture, en voulant lui donner pour ma personne une estime qu'elle n'a pas?

— Monsieur le marquis ne peut croire...

— Ze parie du moins, reprit le comte avec son sang-froid imperturbable, que mademoiselle Rosette, toute sévère et farouche qu'elle est, ne pourra s'empêcher d'approuver le trait que voici: Il y a quelques zours, Polastron avait dit à table d'hô une que Villenègre était amoureux d'une bourzeoise et qu'elle l'avait accepté pour galant; cette bourzeoise était une zeune fille saze et honnête que ze ne vous nommerai pas...

— Comte, interrompit brusquement le marquis, comment as-tu pu savoir?...

— Ne crains rien, ze ne conterai que ce qu'il faut... voici donc ce qui est arrivé: le marquis va trouver Polastron en bonne compagnie et lui dit: « Cavalier, vous avez dit que z'étais le favori d'une demoiselle vertueuse; vous vous êtes trompé; il faut vous rétracter.» Polastron repart qu'il n'en fera rien. On est allé sur le terrain, et Polastron a reçu un furieux coup d'épée dans l'épaule, dont il est encore au lit; et ainsi l'honneur de la demoiselle est sauvé.

Pendant ce récit Rosette avait éprouvé une vive émotion; il ne lui était pas difficile de deviner quelle était la jeune bourgeoise pour qui le marquis s'était battu.

— Vous avez fait cela, monsieur de Villenègre? dit-elle avec entraînement; vous avez défendu l'honneur d'une femme obscure, d'un rang inférieur au vôtre? Oh! cela est bien, et je vous remercie.... pour celle que vous avez fait respecter.

En parlant ainsi, elle tendit la main à Villenègre, qui la porta à ses lèvres et y glissa un petit billet. Dans tout autre moment, Rosette eût refusé peut-être de le recevoir, mais son imagination était encore frappée par le récit du comte: le papier passa rapidement de la main de la jeune fille à la pochette de son tablier. Une seule personne s'aperçut de ce mouvement, c'était Giles Poinselot.

A partir de cet instant, Villenègre supporta beaucoup plus patiemment qu'auparavant les compliments sans fin, les importunités du comte. La conversation devint plus suivie entre les deux gentilshommes, et on devisa gaiement de la cour et des nouvelles du jour.

Pendant ce temps, le secrétaire et le valet de chambre du comte étaient allés rejoindre leurs camarades dans la rue ; tous ensemble ricanaient effrontément au nez des passants.

Quant aux apprentis, ils s'étaient retirés au fond de la boutique ; de là, ils examinaient avec attention les deux gentilshommes qui papillonnaient autour de la jeune bourgeoise. Guillaume, appuyé contre une pile de drap et la main sur les énormes ciseaux, son arme habituelle, restait dans une immobilité complète. Giles, au contraire, donnait des signes fréquents de colère impuissante et silencieuse ; il serrait les points convulsivement ; sa poitrine était oppressée.

Le comte, avec force soupirs et regards tournés vers le ciel, racontait au jeune marquis les qualités, les vertus et les charmes de la défunte biche, lorsque la vue d'un nouveau personnage, qui tourna l'angle de la rue voisine et s'avança rapidement vers le magasin, vint faire diversion à cet entretien. Les apprentis laissèrent échapper un geste de satisfaction ; Rosette se leva vivement ; sa poitrine était mûre Poliveau entra dans la boutique, avec deux robustes garçons chargés de sacoches d'argent.

III.

LE BOURGEOIS.

Poliveau était un petit homme gros, court, dont la figure douce et rubiconde présentait encore peu de rides, quoiqu'il eût soixante ans. Il portait une grosse houppelande de tiretaine brune, des chausses de drap, un chapeau large de bords et haut de forme ; ce costume simple était passablement suranné, et l'étoffe en paraissait mûre en plus d'un endroit. Au lieu de fraise il avait un collet rabattu, comme au temps du feu roi Charles IX ; malgré la mode, il n'avait jamais pu se décider à couvrir d'une perruque ses cheveux grisonnants. Tout enfin, dans l'extérieur de l'ancien échevin, rappelait ces honnêtes marchands plus désireux de faire honneur à leurs engagements commerciaux que d'éblouir les yeux de leurs pratiques par une mise élégante.

En apercevant les gentilshommes installés dans sa boutique, une légère expression de mécontentement se montra sur son visage. Cependant il salua poliment, quoique avec froideur, les deux étrangers, qui s'étaient levés pour le recevoir. L'un lui tendit la main, l'autre s'inclina fort bas.

— Et bonjour, monsieur mon ami de Poliveau ! dit le comte avec sa politesse exagérée ; *veramente*, ze sonis ravi du fond de l'âme de vous voir si frais et si vermeil.

— Je vous salue, sire (1) Poliveau, dit le marquis gracieusement.

— Bonjour, messieurs, bonjour, répondit le marchand d'un air bourru, je suis votre serviteur.... mais permettez-moi, avant de répondre à vos compliments, de renvoyer ces braves garçons que voici... Et vous, fainéants, paresseux, continua-t-il, en s'adressant aux apprentis qui restaient immobiles, remuez-vous donc et transportez cet argent dans mon coffre-fort, là, dans l'arrière-boutique.

Les portefaix déposèrent leur lourde charge sur le

(1) On donnait encore à cette époque le titre de *sire* aux marchands de Paris.

comptoir et se retirèrent, tandis que les apprentis se mettaient en devoir d'obéir à l'ordre du patron. Le comte de Manle regardait avec étonnement ces énormes sacs et semblait calculer la somme qu'ils pouvaient contenir.

— Vrai Dieu ! dit-il enfin, ces messieurs les bourgeois ont plus d'argent que nous autres zentilshommes !... Voilà, sur ma parole, autant d'écus qu'en produit ma comté de Manle en trois mois !

— Oui, répliqua le marchand avec humeur, en s'asseyant et en essuyant son front couvert de sueur ; mais votre argent, à vous autres grands personnages, est destiné à être dépensé en folies, en parties de jeu et de bagues, en beaux équipages... le nôtre, à nous autres marchands, est destiné à payer nos dettes !

— En effet, dit le comte avec indifférence, on m'a conté que les marchands se faisaient entre eux des cédules et des reconnaissances, et que le jour venu il fallait payer... C'est fort merveilleux !.

— Et quand les gentilshommes qui prennent nos marchandises à crédit refusent de s'acquitter, continua Poliveau d'un ton de rancune, nous devons nous trouver fort empêchés.

Cette observation était sans doute un sarcasme à l'adresse des deux auditeurs, car tous deux devaient de l'argent à l'ancien échevin. Mais ni l'un ni l'autre ne parut s'en formaliser ; Rosette, qui voulait détourner la conversation, demanda avec intérêt :

— Vous paraissez bien fatigué, mon père ; avez-vous donc été forcé d'importuner vos nobles pratiques pour compléter cette somme ?

Cette question eut un effet entièrement opposé à celui qu'en attendait la belle drapière.

— Au diable les nobles pratiques ! dit Poliveau brusquement.

Mais se reprenant tout à coup :

— Ce n'est pas pour vous que je parle, messieurs ; mais en vérité les gens, si affables, dans ma boutique, ne me répondent que par des avanies et de mauvais traitements dans leurs hôtels !

— Mon père, dit la jeune fille en tressaillant, serait-il possible que ce matin...

— Ce matin, j'ai maudit plus d'une fois ma sotte manie d'accorder crédit à la noblesse de préférence à la roture, dit le bonhomme en baissant la tête ; si Gandillot ne fût venu à mon secours, demain ma ruine était complète...

— Comment, mon père, vous n'avez pas reçu cet argent du duc de Bellegarde ou de madame la maréchale ?

— Je n'ai pas reçu un écu, pas un sou, pas un denier de ceux dont tu parles, Rosette, mais de belles paroles et plus souvent des injures... j'ai été forcé d'emprunter à mon compère une somme qui m'est due sept fois par des grands seigneurs.

Rosette observa à la dérobée les deux étrangers. Le comte de Manle semblait fort occupé à regarder les deux apprentis transporter l'argent dans l'arrière-boutique, et le tintement des écus dans le cabinet voisin l'empêchait sans doute d'être attentif à la conversation. Villenègre seul risqua quelques mots en faveur de sa caste, mais avec timidité, de peur d'augmenter le mécontentement du père de Rosette :

— Vous êtes bien sévère pour les gens de qualité, maître Poliveau, et vous oubliez que vous-même vous n'appartenez déjà plus à la roture..... Cependant, croyez-moi, il est dans la noblesse des hommes pleins d'honneur, qui ne se feront pas faute de vous payer capital et intérêts...

— Je n'en doute pas, monsieur le marquis, dit le bonhomme d'un ton légèrement ironique; mais il faut pour cela qu'ils aient la libre disposition de leurs biens... leurs père et mère peuvent les faire attendre longtemps encore!

Le marquis sentit le coup et se mordit les lèvres. En ce moment le comte de Manle, distrait d'abord par les allées et venues des apprentis, se mêla de nouveau à la conversation :

— Ne nous brouillons pas, sire Poliveau, dit-il en caressant sa moustache, vous paraissez ce matin avoir de l'humeur, et ce n'est pas bien de la faire retomber sur le marquis et sur moi... Si ze répétais vos propos en bonne compagnie, il pourrait vous en arriver malheur... Quant à moi, ze veux que vous me disiez franchement si vous me tenez pour un galant homme?

— Mais... cela peut être, répondit le bourgeois intimidé, je vous connais à peine.

— C'est fort bien; mais vous avez aussi offensé M. de Villenègre, mon ami, et il faut que vous déclariez aussi qu'il est homme d'honneur.

— J'y consens volontiers, car je le connais beaucoup mieux.

— Eh bien! en ce cas nous sommes appointés et il n'y a plus d'offense, reprit le comte en ajustant le baudrier de sa grande épée de duel; il me suffit que vous ayez déclaré tout haut que vous nous tenez pour zens d'honneur...

— L'un veut lui voler son drap et l'autre lui voler sa fille, murmura Gilès Poinselot du fond de la boutique.

Poliveau se leva.

— A propos, messieurs, reprit-il, j'ai oublié de vous demander ce qui me procure le précieux avantage de votre visite... Vous, monsieur le marquis, puis-je savoir ?...

— Mais, dit Villenègre embarrassé, je passais par ici... je n'ai pu résister au désir de m'informer de votre santé et de celle de votre aimable fille...

— Mille remercîments pour moi, répliqua brusquement le bonhomme; quant à ma fille, vous prenez trop de soin. J'ai remarqué vos assiduités à ma boutique, monsieur de Villenègre... quoique je sois un vieil oison, je sais bien qu'un jeune et riche seigneur, tel que vous, n'y vient pas pour mes beaux yeux; comme il serait malséant que ce fût pour ceux de Rosette, je vous serai très-obligé de nous priver, elle et moi, de votre honorable présence... On commence à jaser de vous dans mon quartier, et je tiens à l'estime de mes voisins.

Le jeune homme rougit; il allait peut-être répliquer avec aigreur, mais Rosette passa près de lui pour se retirer dans l'intérieur de la maison et lui fit un signe suppliant. Il se calma comme par enchantement et la salua avec grâce; néanmoins, il ne voulut pas paraître céder aux injonctions du marchand en se retirant aussitôt; il se posa fièrement près de la porte, et attendit le comte de Manle.

Pendant ce temps Poliveau s'était tourné vers le fanfaron d'honneur et lui avait adressé la même question qu'au marquis.

— Quant à moi, mon cer ami de Poliveau, dit le comte avec un très-grand sang-froid, ze venais vous aceter cent aunes de drap, mais z'ai sanzé d'avis depuis que ze vous ai vu si mal disposé pour la noblesse.

— Cependant, monsieur...

— Non, non; vous n'êtes pas zentil auzourd'hui, reprit de Manle en se levant; dans quelques zours ze reviendrai avec oun laquais qui portera oun sac de mille pistoles, et nous verrons bien alors si vous serez aussi maussade.

Il espérait peut-être que le marchand, alléché par cette annonce, allait livrer sur-le-champ la marchandise; mais Poliveau exaspéré de l'inutilité de ses démarches récentes, ne donna pas dans le piège.

— Quand il vous plaira, monsieur, dit-il en s'inclinant profondément, je suis disposé à vous servir de tout mon pouvoir.

De Manle fit une grimace de désappointement.

— Viens-tu, comte?, demanda Villenègre; je te propose de dîner ensemble à la Pomme-d'Or.

— De tout mon cœur, marquis; mais tu ne sais pas une zoyeuse idée qui me pousse?

— Quoi donc?

— Ce serait de bâtonner monsieur notre ami Poliveau que voici.

Et le comte partit d'un grand éclat de rire, comme s'il eût dit une chose fort plaisante. Poliveau, dont la qualité principale n'était pas le courage, recula de quelques pas en pâlissant.

— Messieurs, s'écria-t-il, je ne crois pas avoir rien fait qui ne doive vous offenser à ce point...

— Ne craignez rien, sire Poliveau, dit le marquis avec dignité, je n'ai pas eu un seul instant la pensée de châtier votre impolitesse... vous êtes sous la protection d'une jeune demoiselle que je respecte et que j'honore; je ne souffrirai pas qu'il vous soit fait aucun mal.

— Et il ne serait pas prudent de commencer l'attaque, dit Gilès Poinselot en se montrant tout à coup derrière son patron, armé d'une grosse demi-aune et assisté de Guillaume qui brandissait ses ciseaux.

Le marquis répondit à cette bravade par un regard de mépris, le comte par un violent éclat de rire, et ils sortirent de la boutique en se donnant le bras.

A peine eurent-ils fait vingt pas que de Manle, cessant de rire tout à coup, dit à son jeune compagnon, encore tout ému de ce qui venait d'arriver :

— Ah çà! Villenègre.... j'ai deviné la vérité : tu aimes la petite et la petite t'aime... Tu es un enfant et tu ne sais pas comment on mène ces sortes d'aventures; ze veux t'aider pour que nous nous venzions tous les deux de ce vieux butor de marchand; ce soir, la petite sera en ton pouvoir...

— Ce soir! répéta le marquis tout étourdi, en ouvrant de grands yeux.

— Ce soir... Mais attends-moi un instant; il faut que je renvoie cette canaille, qui nous zènerait, jusqu'au moment où nous aurons besoin d'elle...

En même temps il revint sur ses pas, dit quelques mots à ses domestiques, et ils se dispersèrent aussitôt. Puis il rejoignit le jeune homme, qui l'attendait avec anxiété.

— Le brelan et les dés t'ont-ils laissé quelques pistoles? demanda-t-il.

— J'ai encore quelques écus dans ma bourse.

— Tou me les prêteras; ze te les rendrai demain, car ze toucerai oune forte somme... dix mille écus.

— Volontiers; mais pourrais-tu me dire ?...

— Rien... Allons à la Pomme-d'Or, et pourvu que tu me laisses azir à ma guise, ze te promets que la nuit proçaine nous aurons raison de toute cette bourgeoisie !

IV

L'APPRENTI.

A l'époque où se passaient les événements de cette histoire, Paris, le soir, n'était pas inondé de lumière comme au temps où nous vivons. Aussi, à la chute du jour, le bruit et le mouvement cessaient-ils tout à coup ; les églises et les théâtres se fermaient, les bourgeois se retiraient dans leurs maisons ; la circulation était interrompue partout, excepté dans un ou deux quartiers privilégiés. A la nuit close, la ville devenait la proie des filous, des voleurs et des assassins qui l'infestaient ; un paisible citadin ne se hasardait alors à sortir que pour affaire indispensable, après s'être muni d'une arme pour se défendre et d'une lanterne pour s'éclairer.

Dès que la grosse cloche de Saint-Méry eut sonné l'Angélus, la boutique de Poliveau fut fermée à grand bruit. Le bonhomme reconnut par lui-même que tout était en ordre, puis il monta au premier étage, dans une pièce où sa fille et ses apprentis devaient l'attendre pour le repas du soir.

Cette pièce, qui servait à la fois de cuisine et de salle à manger, était grande, irrégulière ; ses murailles, nues, ne présentaient ni tentures, ni lambris. Les meubles étaient grossiers, antiques, noircis par la fumée aussi bien que par le temps. Dans un angle, un immense vaisselier étalait aux yeux des assiettes et des plats d'étain brillant comme de l'argent. Une table, dressée au milieu de la salle, était ornée d'une nappe de toile rousse et de quatre couverts.

La place du maître était marquée par un fauteuil en tapisserie et par un gobelet d'argent d'assez modeste apparence ; mais celle de Rosette n'avait aucune marque distinctive. La belle drapière ne semblait pas habituée à plus de luxe que les autres convives ; Poliveau, d'après les traditions de la classe marchande, se serait fait un cas de conscience de traiter ses apprentis différemment que sa propre fille.

Une vieille servante hargneuse préparait le souper de la famille ; un petit chien, assis au coin du feu, tournait gravement la broche, appuyée sur deux chenets de fer, et aspirait sournoisement le fumet du rôti doré dont il était le gardien. Un jour terne, traversant les vitraux jaunâtres de la fenêtre, éclairait cet intérieur fumeux et patriarcal.

En entrant, le bonhomme jeta un regard rapide autour de lui pour s'assurer si tout le monde était à son poste.

Rosette était assise toute rêveuse près de la fenêtre ; Guillaume achevait de disposer les sièges autour de la table, car, malgré la manière toute paternelle dont on les traitait, les apprentis d'alors remplissaient certaines fonctions voisines de la domesticité. Quant à la servante, au moment précis où Poliveau mettait le pied sur le seuil de la porte, elle s'avança pour débarraser le chien tourne-broche de sa besogne et dresser sur un plat le pompeux rôti qui composait le souper.

Mais le bourgeois rigide ne fronça pas moins le sourcil en remarquant que Giles Poinselot, le premier garçon, n'était pas encore arrivé.

— Qu'est ceci ? s'écria-t-il d'un ton d'humeur ; faudra-t-il aussi que j'attende pour me mettre à table le bon plaisir de mes apprentis ? Me croit-on déjà ruiné et incapable de faire valoir mes droits de maîtrise dans ma maison ? Où donc est cet insolent muguet ?

La voix tonnante de Poliveau tira Rosette de ses méditations ; elle se leva avec vivacité.

— Ne vous fâchez pas, mon père, dit-elle timidement ; Giles m'a chargée de l'excuser auprès de vous s'il ne paraît pas au souper ; il est monté à sa chambre pour s'habiller, et...

— Où peut donc aller ce beau cadet à pareille heure ? reprit le marchand avec aigreur ; prend-il ma maison pour une auberge dont la porte reste ouverte toute la nuit ?... Mais, continua-t-il d'un air sombre, qu'il fasse ce qu'il voudra. Bientôt peut-être je n'aurai plus d'ordres à donner à personne... un peu plus tôt, un peu plus tard, qu'importe ?... Mettons-nous à table.

Il fit signe à sa fille et à Guillaume de prendre leurs places ; puis, ôtant son chapeau, il prononça dévotement le *Benedicite*, et le souper commença.

Les premiers moments du repas furent silencieux ; Poliveau continuait d'être préoccupé, et Rosette ne manquait pas de sujets de réflexion ; quant à Guillaume, il parlait fort rarement, à moins que l'on ne l'interrogeât ; la conversation ne devait donc pas être très-active entre ces trois personnes.

Cependant, Poliveau ayant bu plusieurs gobelets d'un vin généreux, dont un broc était placé devant lui pour qu'il en fît une distribution raisonnable aux convives, se dérida un peu et s'aperçut enfin que Rosette n'était ni aussi éveillée, ni aussi rieuse qu'à l'ordinaire.

— Qu'as-tu donc, mon enfant ? lui demanda-t-il d'un ton de bonté, t'aurais-je effrayée par ma brusquerie ou par mes tristes prévisions ? Que veux-tu ? mes aventures d'aujourd'hui m'ont inspiré des réflexions fâcheuses... Mais il ne faut pas t'inquiéter pour cela ; je ne veux pas que ma jolie Rosette pâlisse et perde sa gaieté.

— Il est vrai, mon père ; ces cruelles inquiétudes m'ont bouleversée, répondit la belle drapière avec embarras.

— Allons, allons, courage, ma fille ; le danger n'est pas passé sans doute, mais il vient de s'éloigner de nous... Cependant, je tremble encore, je l'avoue, et en y songeant, si Gandillot n'avait pu me prêter aujourd'hui les sept mille écus qui me manquaient pour payer Jacomeny, moi, Nicolas Poliveau, maître de la confrérie des drapiers, moi ancien échevin de la ville, moi qui passe pour le plus honnête marchand du quartier, j'aurais été forcé de faire banqueroute comme un fripon !

En même temps le bonhomme avala un nouveau gobelet de vin pour noyer son chagrin, ou peut-être pour cacher de grosses larmes qui lui venaient aux yeux ; mais la jeune fille ne remarqua pas son attendrissement.

— En vérité, mon père, reprit-elle d'un ton distrait, je ne puis comprendre comment aucun de ces riches seigneurs qui fréquentent la boutique et qui vous doivent de grosses sommes n'a voulu venir à votre secours.

— Aucun, ma fille, aucun, dit Poliveau en frappant du pied avec colère au souvenir des humiliations qu'il avait eu à supporter ; l'un dormait encore et n'a pu me recevoir parce qu'il avait passé la nuit à faire la débauche ; l'autre était au jeu de paume ; l'autre au lever du roi... Ceux que j'ai trouvés chez eux m'ont répondu par des railleries ou des menaces... Celui-ci, qui a cent mille écus de rente, voulait m'emprunter vingt pistoles pour jouer, car, disait-il, il avait perdu la veille jusqu'au dernier sou. Celui-là a été plus

loin : il a osé lever la main sur moi, parce que je ré-
clamais ce qui m'était dû.... Je suis sorti furieux,
exaspéré, et tu as pu voir comment j'étais disposé
pour la noblesse lorsque je suis rentré à la boutique.
Le comte de Maule et le petit marquis de Villenègre
étaient là ; ma foi, ils ont pâti pour tous les autres !
Ce nom de Villenègre parut rendre à l'esprit de
Rosette toute sa vivacité.

— En effet, mon père, il me semble que vous êtes
allé trop loin ; car enfin des hommes de qualité, et....

— Oh ! pour ce qui est du comté de Maule, je ne
regrette pas ma brusquerie. Depuis longtemps je
soupçonne que, malgré ses grands titres et son étalage, monsieur le comte est un chevalier de fortune.

— Comment, mon père, un personnage qui fréquente la cour ?

— Enfant ! dit le vieux marchand avec indulgence ;
pourvu qu'on porte un manteau brodé et une épée,
pourvu qu'on ait le ton haut, l'air insolent, pourvu
qu'on s'appelle d'un nom sonore, vrai ou faux, on
peut entrer au Louvre et pénétrer jusqu'au cabinet
du roi !... C'est un singulier temps que celui où nous
vivons, ma fille ; rien ne ressemble tant aux bons et
fiers gentilshommes que les rusés coquins et les bra-
vaches... les uns et les autres fréquentent les mêmes
lieux, ils ont les mêmes costumes et presque les mêmes manières... Quant à ce comte de Maule, il passe
parmi les gens comme il faut pour un habile homme
et parmi nous autres bourgeois pour un grand coquin ; aussi je ne l'ai guère ménagé.

Rosette ne jugea pas à propos de raconter à son
père l'histoire de la biche privée et les autres jongle-
ries du personnage en question. Il eût fallu pour cela
parler des révélations du pauvre Giles, qui, pour le
moment, ne semblait pas en bonne position auprès
de l'irascible vieillard Elle reprit timidement :

— Et l'autre, mon père, le jeune gentilhomme qui
accompagnait le comte ? Celui-là est certainement
d'une famille illustre...

— Celui-là, répondit Poliveau en jetant un regard
de côté sur sa fille, n'est encore que dupe en attendant peut-être qu'il devienne fripon..... Ce n'est
pas, comme tu le disais tout à l'heure, qu'il ne soit
d'une bonne maison. Le duc et la duchesse de Villenègre, ses père et mère, avaient grand crédit à la
cour, du temps du feu roi ; mais ils sont devenus
avares, et le jeune homme, qui aime les plaisirs, est
obligé de contracter des dettes pour satisfaire ses
goûts... D'un autre côté, il est en rapport, sans s'en
douter, avec des escrocs et des aigrefins de qualité
tels que le comte de Maule, peut-être ; ils ne peuvent
manquer de le mener loin... Je ne le crois pas encore dépravé ; mais, avec les amis qu'il s'est choisis,
ses instincts honnêtes, s'il en a, ne peuvent résister
longtemps ; il finira par se souiller de toutes sortes
de bassesses, d'infamies et de crimes, comme tant
de nobles débauchés dont Paris est rempli.

— Ne le croyez pas, mon père ! s'écria Rosette
avec chaleur ; le marquis de Villenègre repoussera
les mauvais conseils... Il est loyal, généreux ; il ne
commettra jamais ni bassesses ni crimes !

Le bonhomme fronça le sourcil. Rosette s'apercevant que son zèle à défendre le jeune gentilhomme
éveillait les soupçons de son père, se troubla et balbutia en se penchant sur son assiette :

— Du reste, je connais fort peu M. le marquis ; je
ne sais... j'ignore...

— Vous le connaissez fort peu, Rosette, reprit le
marchand d'un ton sévère ; vous le connaissez mieux,

je crois, qu'il ne conviendrait à une jeune fille modeste et sage ! Je commence à m'expliquer ses assiduités chez moi et je ne me repens plus de l'avoir
prié de cesser désormais ses visites... C'est ma faute,
peut-être, continua-t-il d'un ton sombre, en poussant
un profond soupir ; je laisse ma fille exposée aux impertinences de cette jeunesse corrompue, pendant
que je suis absent pour relever mes affaires chance-
lantes ! Oui, peut-être ne faut-il accuser que moi !

Une larme se montra encore dans ses yeux. Cette
fois, Rosette s'en aperçut ; elle se leva de table, et,
courant à lui les bras ouverts, elle s'écria en sanglotant :

— De grâce, mon excellent père, ne vous reprochez pas ce que vous appelez ma légèreté... je ne suis
pas coupable !

— Coupable ! s'écria le vieux marchand, dont ce
mot réveilla la colère. Et qui oserait dire que la fille
de Nicolas Poliveau est coupable, même d'un signe,
d'un mot, d'une pensée blâmables ?... Par saint Martin ! si cela était, je l'étoufferais dans mes bras ! oui,
je jure Dieu que je là tuerais !

La voix formidable de Poliveau glaça de terreur
les assistants. Guillaume resta le bras en l'air sans
songer à porter à sa bouche le morceau qu'il tenait
à la main. La servante laissa tomber à terre l'assiette d'étain qu'elle allait présenter au chef de la famille. Quant à Rosette, elle recula d'un pas en arrière
et elle refoula dans son cœur un aveu qui peut-être
était déjà sur ses lèvres.

Mais le bonhomme était aussi prompt à se calmer
qu'à s'irriter. En voyant l'effet de son emportement,
il se radoucit tout à coup.

— Viens m'embrasser, Rosette, et ne parlons plus
de cela ; seulement, continua-t-il d'un ton bref et péremptoire, après avoir déposé un baiser sur le front
de la belle drapière, souviens-toi que je te défends de
parler à ce marquis de Villenègre... Si, malgré mes
ordres, il ose se présenter à la boutique en mon
absence, les apprentis le recevront convenablement ;
quant à toi, monte à ta chambre, sans lui adresser
un mot, dès que tu le verras paraître... Tu sais que
je veux être obéi !

La jeune fille ne répondit rien et regagna sa place.
Poliveau n'avait pas l'habitude de prendre avec elle
ce ton d'autorité qu'il réservait pour ses apprentis ou
ses inférieurs ; mais depuis peu le dérangement de
ses affaires avait apporté dans son humeur une irri-
tabilité extraordinaire ; la journée qui venait de s'é-
couler n'avait fait qu'augmenter cette fâcheuse disposition.

Le repas tirait à sa fin, lorsque la porte s'ouvrit ; à
la lueur d'une lampe que la servante venait de poser
sur la table, car la nuit tombait rapidement, on vit
entrer Giles Poinselot.

Une transformation complète avait eu lieu dans sa
personne ; celui qui l'eût vu quelques heures auparavant aunant du drap dans la boutique du patron,
n'eût pu le reconnaître en ce moment. Il avait un
chapeau à plume, un pourpoint et un haut-de-chausses vert foncé, avec des aiguillettes de satin bleu, des
bottes à éperons dorés ; un large baudrier noir soutenait sa rapière ; un manteau de même couleur que
le pourpoint était jeté sur une de ses épaules. Avec
ce costume, on pouvait le prendre pour un gentilhomme se disposant à courir les rues incognito et à
se donner un *plaisir de prince.*

Giles s'avança avec irrésolution vers son maître,

le chapeau à la main ; il allait parler lorsque l'orage éclata :

— Qu'est ceci ? bon Dieu ! s'écria Poliveau en reculant sa chaise comme s'il se fût trouvé en présence de quelque animal venimeux, d'où nous vient cette laide mascarade ? Nous ne sommes pourtant pas en carnaval, que les apprentis des marchands drapiers se déguisent ainsi en seigneurs de la cour ?

Giles s'attendait sans doute à cette bourrasque ; il la supporta avec une grande patience.

— Bourgeois, excusez-moi, dit-il en baissant les yeux ; mais ce costume m'est nécessaire dans une excursion que je compte faire cette nuit même...

— Cette nuit, répéta le marchand d'un ton railleur, et comment monsieur le cavalier peut-il se supposer assez fou pour le laisser passer toute la nuit hors de chez moi ?

— Ainsi donc, s'écria le jeune homme avec joie, vous ne me chassez pas de votre maison, parce que...

Il s'arrêta et regarda Rosette et Guillaume avec reconnaissance.

— Te chasser, toi ? s'écria Poliveau surpris ; mais tu rêves ! toi, un apprenti sage, rangé, honnête, n'ayant d'autre travers que de ne pas savoir se contenter de son état !... Non, non, Dieu me garde de me priver encore de ton appui, malgré tes sottes idées d'orgueil !

Cette bonté toucha vivement Giles Poinselot.

— Bourgeois, reprit-il avec émotion, je veux qu'on ne vous ait rien dit de mes fautes... j'en remercie mademoiselle Rosette et ce pauvre Guillaume... mais je ne veux pas vous tromper, et vous allez juger si je suis encore digne de votre confiance. Cet habit que je porte aujourd'hui, je l'ai déjà porté plusieurs fois à votre insu ; j'ai voulu trancher du gentilhomme, j'ai hanté les brétons, j'ai joué... Je savais combien vous étiez sévère sur ce sujet, et depuis longtemps ma conscience m'ordonnait de vous faire ce pénible aveu !

Le marchand réfléchit quelques secondes.

— Ce sont là assurément des fautes graves, dit-il d'un ton austère ; si tu n'étais orphelin, si tu avais d'autres parents que mon ancien correspondant de Sedan, cet oncle avare qui t'a envoyé à Paris en te donnant quelques écus et une recommandation pour moi, j'aurais porté mes plaintes à la famille... mais tu es seul au monde ; tu n'a que moi pour ami, pour protecteur ; aussi, en seras-tu quitte pour une semonce que je me propose de te faire en temps et lieu.... Ainsi donc, tes escapades seront oubliées pourvu que tu me promettes de déchirer ce harnais, de te contenter désormais du costume qui convient à la position.

— Serait-il possible ? s'écria Giles avec reconnaissance ; mon bon, mon excellent maître, vous me pardonnez ma faute ? Oh ! je vous le promets, je renonce à tout jamais à ces folles idées ! Je vois bien maintenant que je dois désespérer de plaire par ce moyen à une personne... Mais, s'interrompit-il avec fermeté, votre bonté même m'excite à accomplir le projet que j'ai conçu... Permettez-moi de sortir cette nuit, demain je vous obéirai en tout ce que vous commanderez, je vous le jure.

— Où veux-tu donc aller à pareille heure ?

— De grâce, ne m'interrogez pas... Peut-être cette nuit même aurai-je occasion de vous prouver toute ma gratitude pour vos bienfaits passés, pour votre indulgence présente.

— Voilà une plaisante aventure ! dit le marchand avec aigreur ; mon apprenti est vêtu en gentilhomme, et il parle en sorcier !

Il s'arrêta encore pour réfléchir. Giles, debout devant lui, attendait sa décision avec anxiété. Rosette et Guillaume osaient à peine respirer.

— Non, dit enfin Poliveau d'une voix ferme ; je ne dois pas permettre que les anciennes règles de ma maison soient violées ; c'est un mauvais signe quand les vieux usages sont mis en oubli, quand le maître souffre lui-même que la discipline de son foyer se relâche... Giles Poinselot, ou bien tu ne sortiras pas de ce soir, ou bien lorsque tu reviendras, si tu reviens, tu ne seras plus mon commensal et mon ami...

— Puisqu'il le faut, répliqua le jeune homme d'une voix triste, je supporterai cette terrible conséquence de mon opiniâtreté.

— Giles, mon cher Giles ! lui dit Rosette avec intérêt, nous quitterez-vous donc ainsi pour un motif frivole peut-être ?

— Compagnon, murmura le gros Guillaume en saisissant la main de Poinselot, est-ce bien vrai, ce que tu dis là, que tu veux t'en aller ? je ne veux pas, moi ; tu sais que je suis le plus fort... oui, je te rosserai, si tu t'en vas !

Le pauvre Giles fondit en larmes.

— Laissez-le aller, dit le maître avec un accent d'amertume : c'est un ingrat qui cherche un prétexte pour m'abandonner, maintenant que la ruine me menace... Qu'il parte ! On dit que les rats fuient ainsi une maison lorsqu'elle est sur le point de crouler... Ne le retenez pas, vous dis-je ; il lui tarde de nous quitter, car il craint sans doute les mauvais jours qui s'avancent !

— Ne m'accusez pas d'une pareille pensée, mon cher maître, s'écria le jeune homme avec chaleur, mon bonheur serait de vivre toujours auprès de vous, de partager vos joies et vos peines comme par le passé, mais pourquoi mettre à mon obéissance une condition que ma conscience me défend d'accepter ? Écoutez, car je vous l'avouerai, c'est pour vous servir que je veux sortir à cette heure... Ne me demandez pas quel est mon projet, je l'ignore moi-même, mais j'ai la certitude qu'un grand malheur vous menace, et je veux l'empêcher à tout prix.

— Un malheur nous menace ? s'écria Rosette avec effroi.

Le jeune homme ne répondit pas, et il y eut encore un intervalle de silence.

Le chef de la famille semblait en proie à une grande incertitude.

— Eh bien ! reprit-il en s'adressant à l'apprenti, donne-moi seulement un prétexte plausible pour excuser ta sortie ; donne-moi d'autres garanties que des insinuations vagues sur un malheur menaçant... tu dois avoir quelque motif puissant de réclamer cette permission avec tant d'instance et il m'appartient de t'en demander compte, puisque je suis pour toi comme un père !

Poinselot hésita un moment.

— Non, bourgeois, dit-il enfin avec embarras, mes raisons pour sortir de cette heure de la nuit vous paraîtraient peut-être frivoles ; d'ailleurs je ne pourrais vous dire tout... Ayez confiance en moi ; en sollicitant cette faveur je n'ai aucun but coupable.

— Allons, n'en parlons plus, interrompit sèchement Poliveau ; Giles Poinselot, je vais vous conduire moi-même jusqu'à la porte de la rue, puis je prierai Dieu de veiller sur vous.

Puis, comme si ses dernières paroles eussent ra-

Tu aimes la petite et la petite t'aime. — Page 14, col. 2.

nimé en lui les sentiments religieux dont les marchands de Paris étaient alors profondément imbus, il reprit avec une espèce de solennité :

— Je ne veux pas que vous nous quittiez sans avoir accompli vos devoirs de chrétien... voici l'heure où d'ordinaire nous faisons la prière, avant de nous livrer au repos ; joignez-vous à nous pour la dernière fois, et puisse cet acte de dévotion vous porter bonheur ! Allons, continua-t-il en s'adressant aux autres personnes et en ôtant son chapeau, tout le monde à genoux... Rosette, dites la prière.

C'était l'usage de chaque soir chez le drapier de prier en commun à l'issue du souper ; mais les idées de Rosette et des jeunes gens étaient si loin en ce moment de cette pratique journalière que le bonhomme eut besoin de répéter son ordre.

Il était déjà agenouillé sur le carreau, le visage tourné vers un vieux Christ de bois qui décorait le manteau de la cheminée. Sa fille, les apprentis, la servante elle-même s'empressèrent de l'imiter.

La nuit était close ; la salle était faiblement éclairée par le reflet vacillant d'une lampe et par la lueur de la flamme qui se jouait autour des tisons du foyer. Rosette récitait l'office du soir, mais elle ne se livrait pas à ce pieux exercice avec sa tranquillité d'esprit, sa ferveur accoutumée. Parfois la mémoire lui manquait tout à coup ; les paroles consacrées n'arrivaient à ses lèvres qu'indistinctes et inachevées. Les assistants répondaient aux passages ordinaires, et alors, à l'organe clair et musical de la jeune fille, succédait un murmure sourd où la voix grave

du marchand, la voix chevrotante de la vieille servante se confondaient avec les voix sonores et bien timbrées des deux apprentis.

Il y avait dans cette scène religieuse une poésie simple, qui empruntait encore du charme à la pénombre de la salle, au calme de l'extérieur et au recueillement de la famille.

La prière s'acheva, on se leva en silence. Chacun se regarda comme si l'accomplissement de ce devoir eût dû apporter quelque changement dans les dispositions antérieures des divers personnages. Poliveau se tourna vers Giles Poinselot :

— Eh bien ? demanda-t-il avec douceur.

Le jeune homme attacha brusquement son manteau sur ses épaules.

— Je vous suis, murmura-t-il d'une voix étouffée.

— Partons donc, dit Poliveau en soupirant.

Il saisit la lampe qui était sur la table. Rosette, voyant que décidément Giles allait partir, crut devoir faire encore quelque tentative pour le retenir. Elle avait pour lui l'estime et l'affection que méritaient ses bonnes qualités ; d'ailleurs quoiqu'il ne lui eût jamais dit un mot d'amour, elle savait tout son pouvoir sur lui. Quelle femme peut se tromper sur les sentiments secrets dont elle est l'objet ?

— Giles, dit-elle les larmes aux yeux, au nom de la sainte Vierge, réfléchissez à ce que vous allez faire ! Vous n'avez ni famille, ni appui dans Paris ; vous vous exposez par votre propre faute à tous les dangers, à tous les hasards d'une vie indépendante ; je vous en prie, renoncez à votre folle résolution...

J'en attendrai la preuve, dit le bourgeois en s'avançant vers la porte. — Page 17.

Si ce n'est pour vous que ce soit pour mon père, qui a tant besoin de vos services, pour moi... qui vous aime comme un frère.

— Rosette, dit l'apprenti en sanglotant, ne parlez pas ainsi, car je resterais, et peut-être en résulterait-il des maux irrémédiables... J'ai déjà trop attendu.

— Laisse-le donc! reprit Poliveau avec impatience, ne vois-tu pas que c'est un ingrat!

Pendant ce temps, l'Ébouriffé se livrait à une douleur qui tenait du désespoir:

— C'est donc bien vrai? Tu veux partir! s'écriait-il avec colère. Bourgeois, ne le laissez pas aller... que deviendra la boutique quand Giles ne sera plus là? Je ne serai plus bon à rien, moi... Tenez, bourgeois, voulez-vous que je le prenne et que je le monte dans la chambre? ce sera fait en deux tours de main... Je ne veux pas qu'il parte!

Et malgré ces menaces, la voix du pauvre Guillaume s'éteignit dans les larmes. Tous les spectateurs partageaient cette émotion; Rosette se cachait le visage dans son tablier; la servante elle-même poussait des gémissements étouffés.

Giles se hâta de mettre fin à cette scène, car elle affaiblissait son courage.

— Je ne serai pas longtemps absent, reprit-il avec effort, si mes prévisions se trouvent fondées. Mais le temps presse... Adieu, demoiselle, peut-être plus tard me saurez-vous gré vous-même de mon sacrifice... Adieu, mon pauvre ami Guillaume, nous nous reverrons bientôt... Adieu aussi, ma bonne vieille Geneviève. J'étais l'enfant de cette maison; tous

ceux qui l'habitent m'étaient chers comme des parents et des amis... Et vous, mon excellent maître, mon bienfaiteur, ne vous hâtez pas de m'accuser; dans quelques heures peut-être vous apprendrez combien vous vous êtes trompé à mon égard...

— J'en attendrai la preuve, dit le bourgeois avec fermeté en s'avançant vers la porte, sa lampe à la main.

Giles fit un dernier geste d'adieu, et suivit Poliveau sur l'escalier criard qui conduisait à la boutique. Les autres écoutèrent, en retenant leur souffle, le bruit des pas qui s'éloignaient; peut-être espéraient-ils encore que l'apprenti changerait de résolution. Mais bientôt on entendit le grincement des clefs dans les serrures; puis une porte se referma bruyamment; il était parti.

Quelques minutes après, Poliveau reparut dans la salle; il était fort pâle; son visage portait les traces de la violence qu'il avait dû faire à ses sentiments. Voyant les femmes tout en pleurs et Guillaume le front appuyé sur sa main dans l'attitude du désespoir, il dit d'une voix brève:

— Allons! qu'on soit calme et qu'on ne parle plus de tout ceci... Ce coureur de nuit ne mérite pas vos regrets et vos larmes... c'était un fat, un vaniteux qui tôt ou tard eût tourné mal!

Mais en dépit de ces injures inspirées par la colère, il resta pensif pendant quelques minutes.

— Vous voilà tout bouleversés, reprit-il enfin avec impatience; pour moi je ne songe déjà plus à cet enfant prodigue... Mais il est tard, et parce qu'un fa-

quin d'apprenti nous a quittés ce soir, nous ne devons pas oublier que l'heure est venue d'aller dormir. Il faut qu'on se lève demain matin de bonne heure..... Maintenant que nous sommes privés des services de ce vagabond, nous ne manquerons pas de besogne... Geneviève, donnez-nous des lumières... Embrasse-moi, Rosette, et que Dieu t'accorde une bonne nuit.

En même temps il déposa un baiser sur le front de sa fille; chacun prit sa lampe, et on se sépara quoique l'heure fût encore peu avancée.

V

L'ESCALADE.

La chambre de Rosette était au premier étage, à côté de la salle commune; son unique fenêtre, décorée d'un modeste balcon de bois, s'ouvrait sur la rue, un peu au-dessus du vieil auvent dont nous avons parlé.

Cette chambre avait un aspect triste, avec ses lourdes tapisseries, son lit à ciel garni de rideaux de serge verte, son armoire de chêne, sa madone de cire posée sur la cheminée, et son imperceptible miroir. On n'y voyait aucune de ces petites choses qui, de nos jours, décéleraient la présence d'une jeune fille riche; tout y était grave, simple, presqu'austère, et celle qui l'occupait ne s'y arrêtait que le temps rigoureux de prendre du repos.

Rosette s'empressa de congédier la vieille Geneviève sans accepter ses services accoutumés; puis, quand la servante eut prononcé son dernier *bonsoir*, quand le bruit de sa marche se fut éteint dans le silence de la maison, elle courut fermer la porte à clef, et, se jetant dans un grand fauteuil qui était près de son lit, elle respira bruyamment.

Sans doute les fatigues, les émotions, les angoisses de la journée lui rendaient bien précieux ce moment de solitude; mais bientôt elle se redressa par un mouvement fébrile et elle tira de sa poche le billet de Villenègre.

Il était ouvert, ce qui faisait supposer que déjà, pendant le jour, Rosette avait trouvé moyen d'y jeter un coup-d'œil; cependant elle le tournait et le retournait entre ses doigts d'un air d'incertitude. Enfin elle s'approcha de la lampe et elle le lut avec une profonde attention.

Cette lettre, écrite dans le style ampoulé du temps, était néanmoins tendre et respectueuse. Le marquis ne sollicitait qu'un mot de réponse; il annonçait qu'il serait au comble de ses vœux « si l'adorable Rosette laissait tomber un regard de pitié sur son pauvre esclave. » Ce langage, qui contrastait avec le ton audacieux et tranchant des galants ordinaires, était précisément celui qui pouvait faire le plus d'impression sur une jeune fille sage, mais un peu vaine.

Aussi la belle drapière parcourait-elle avec un charme infini ces lignes où elle croyait voir se peindre une âme candide comme la sienne. En ce moment tous les événements de la journée s'effaçaient de sa mémoire; elle ne songeait plus à la ruine qui menaçait son père, au départ mystérieux de Giles, à la défense qui lui avait été faite de revoir jamais le marquis : elle était absorbée toute entière par cette première lettre d'amour.

Néanmoins, la réflexion changea en amertume le charme de cette occupation; la tête de Rosette se pencha sur sa poitrine; la lettre lui échappa des mains sans qu'elle songeât à la ramasser, et deux larmes silencieuses coulèrent le long de ses joues.

— Oh! oui, murmura-t-elle enfin d'une voix entrecoupée, en s'appuyant le front contre son lit, mon père a raison; c'est folie à une pauvre fille comme moi de porter ses vues si haut... Que suis-je auprès de lui? notre noblesse récente et douteuse n'a encore été qu'un objet de moquerie pour nos voisins!... Il est jeune, beau, riche, aimable; il sera duc un jour; il aura des carrosses, des châteaux, des hôtels, et moi... oh! mon Dieu! mon Dieu!

Elle vint se prosterner devant la madone de cire toute couverte d'oripeaux et de clinquant dont la cheminée était ornée, et lui adressa une courte prière. Puis elle s'avança pour fermer la fenêtre, restée ouverte derrière le rideau, à cause de la chaleur de la saison.

Il était en ce moment onze heures du soir environ; le plus profond silence régnait dans le quartier. Toutes les lumières s'étaient éteintes depuis longtemps, et la rue étroite de la Tixeranderie était plongée dans une obscurité complète. Néanmoins, au moment où la belle drapière allait fermer sa fenêtre, il lui sembla entendre un léger bruit à l'extérieur, au-dessous du balcon.

Elle s'arrêta effrayée et prêta l'oreille; le bruit était si faible qu'elle crut s'être trompée.

Tout à fait rassurée, elle levait déjà la main pour ramener devant la fenêtre l'épais rideau de serge, lorsque les deux battants vitrés s'ouvrirent doucement; un homme enveloppé d'un manteau se montra debout sur le balcon.

Rosette recula pâle, muette, terrifiée comme en présence d'un spectre; tout son sang se glaça dans ses veines. Cependant la présence d'esprit lui revint aussitôt; persuadée qu'un voleur seul pouvait s'introduire ainsi dans la maison, elle allait appeler du secours, lorsque l'inconnu s'élança lestement dans la chambre et jeta son manteau en murmurant d'une voix étouffée:

— Grâce, grâce, mademoiselle!... mais je n'avais pas d'autre moyen d'arriver jusqu'à vous!

C'était le jeune marquis, Henri de Villenègre.

Rosette, en le reconnaissant, ne parut ni moins surprise ni moins effrayée qu'auparavant; son secret penchant pour le marquis ne diminua en rien l'indignation que lui inspirait l'effronterie de cette démarche. Elle s'enfuit d'un pas léger à l'autre extrémité de la chambre, et dit avec autorité:

— N'avancez pas, monsieur, ne faites pas un mouvement pour approcher de moi, ou j'appelle mon père qui est dans la chambre voisine.... Votre conduite est infâme, indigne d'un gentilhomme!

La contenance du jeune Villenègre n'était pas de nature à justifier entièrement cette terreur. Il restait immobile, les yeux baissés, tremblant. On eût dit d'un écolier surpris en flagrant délit d'escapade par un maître sévère, tant il était gauche et embarrassé.

— Mademoiselle, balbutia-t-il, je n'ai d'excuse, je l'avoue, que dans le violent amour...

— Partez, monsieur, partez tout de suite! reprit Rosette avec agitation, ne voyez-vous pas que votre présence dans ma chambre, à cette heure de nuit, peut me déshonorer, me perdre?... Partez à l'instant, et je pourrai croire encore, pour votre honneur, que vous avez écouté, en venant ici, de méchants conseils...

— Oh! cela est vrai, s'écria le jeune homme avec véhémence; on m'avait trompé, on m'avait fasciné... Je vais partir... je pars... Mais, de grâce, mademoiselle, laissez-moi espérer que vous ne me haïrez pas pour avoir osé m'introduire ici!

Cette soumission, ce repentir étaient bien de nature à désarmer la colère de Rosette; aussi dit-elle avec moins de sévérité :

— Je ne veux, je ne dois rien promettre... Dans l'aveu que vous venez de faire, je reconnais la justesse des craintes que j'ai entendu exprimer aujourd'hui à votre sujet... Défiez-vous du comte de Manle, c'est un misérable qui vous perdra, si vous suivez ses avis... Mais on peut nous surprendre... Au nom de Dieu! hâtez-vous de partir, et peut-être conserverai-je encore quelque estime pour vous.

Villenègre jeta un regard en arrière; mais, soit qu'il craignit les railleries de ceux qui l'avaient poussé à cette téméraire escalade, soit qu'il ne voulût pas s'éloigner sans avoir obtenu de la belle drapière un mot favorable ; il n'avança ni ne recula.

— Mademoiselle, dit-il avec un peu plus d'assurance, ne vous effrayez pas ainsi : une échelle est appliquée à la muraille, et ce pauvre comte dont vous avez si mauvaise opinion, veille dans la rue avec quelques domestiques fidèles... en un instant je puis les rejoindre sans danger pour vous et pour moi. Laissez-moi donc vous dire enfin...

— Rien, rien, je ne dois pas vous entendre. Mon Dieu! était-ce là ce que je devais attendre après votre lettre si timide et si respectueuse? Je vous croyais bon, loyal, généreux...

— Eh bien ! Rosette, dites-moi seulement que vous ne me haïssez pas, et je pars à l'instant...

— Pourquoi me mettre ainsi peut-être dans l'obligation de mentir? Partez sans conditions.

— Je reste donc, dit le marquis avec résolution en s'asseyant dans un fauteuil.

Rosette n'avait pas compté sur une détermination aussi hardie.

— Que faire? que faire, mon Dieu? murmura-t-elle ; il est sans pitié... Eh bien ! je vais appeler au secours, éveiller les gens de la maison...

— Qu'importe ! dit Henri.

— Mon père va venir, il est violent... il vous tuera.

— Ou il me forcera à vous épouser, c'est tout ce que je demande.

— M'épouser, vous, monsieur le marquis? demanda Rosette avec une douceur involontaire.

— Pourquoi non? je vous aime.

— Mais votre père, votre mère?

— On leur fera entendre raison; d'ailleurs je serai maître un jour...

— Mais votre fortune, votre rang...

— En vous voyant, on excusera tout.

Rosette réfléchit quelques instants.

— Cette détermination est insensée, reprit-elle avec émotion ; la distance entre vous et moi est trop grande pour qu'elle puisse jamais être franchie... Allez, monsieur de Villenègre, votre obstination à rester ici n'aurait d'autre résultat que de compromettre mon honneur ! Partez, encore une fois, partez, je vous en supplie, au nom de tout ce qu'il y a de plus sacré !

Henri de Villenègre fut ébranlé par la solennité de cette adjuration ; il se leva.

— Dites-moi donc que vous m'aimez ! murmura-t-il avec chaleur.

Rosette allait répondre, peut-être l'aveu tant désiré allait-il sortir de sa bouche. Tout à coup des cris perçants s'élevèrent du dehors.

Les deux jeunes gens écoutèrent. Le bruit partait de l'extrêmité de la rue et l'on criait avec force :

— Alarme ! alarme ! au meurtre ! au voleur !

De semblables événements étaient assez fréquents pendant la nuit à cette époque; mais plusieurs circonstances frappèrent la jeune fille. D'abord celui qui donnait l'alarme semblait être aux prises avec plusieurs agresseurs, car la voix était saccadée et le bruit d'une lutte entre plusieurs personnes se faisait entendre directement; de plus, elle crut reconnaître le son de voix de Giles Poinselot.

— Mon Dieu! murmura-t-elle en pâlissant tandis que la terreur la clouait à sa place, que se passe-t-il donc ?

— Ce n'est rien, répondit le marquis avec indifférence, quelque bourgeois qui fait le récalcitrant avec les compagnons de la Matte, et refuse de leur livrer sa bourse !

— Mais on assassine un homme ! répliqua la jeune fille ; ces cris s'affaiblissent et ressemblent à des gémissements..... Par humanité, monsieur, allez au secours de ce malheureux !

— Je vais voir ! dit Villenègre en s'avançant vers le balcon.

Un bruit nouveau se fit entendre à une courte distance; c'était le fracas de plusieurs chevaux lancés au galop sur le pavé, puis un cliquetis d'armes et un murmure de voix. Cette fois le marquis lui-même manifesta des inquiétudes.

— Peste soit du maraud ! murmura-t-il; ses cris ont attiré le guet ! Nous sommes perdus si les soldats aperçoivent l'échelle et ceux qui la gardent...

Rosette n'eut pas la force de pousser un cri; un violent effort de volonté put seul l'empêcher de s'évanouir. Son cœur battait à peine; sa respiration s'arrêtait à mesure que le piétinement des chevaux se rapprochait de la maison.

— La lampe ! la lampe ! dit Villenègre en faisant signe à Rosette que la lumière pouvait les trahir.

La jeune fille saisit convulsivement la lampe; par un sentiment de pudeur qui survivait à l'anéantissement de toutes ses facultés, elle ne voulut pas l'éteindre, mais elle s'empressa de la cacher derrière un rideau, afin que le reflet de la lumière par les vitres de la fenêtre n'attirât pas l'attention des soldats du guet.

Il y eut pendant quelques instants un grand mouvement autour de la maison; on eût dit d'une sorte d'escarmouche sous les fenêtres, car on distinguait les cliquetis des épées; puis des pas précipités résonnèrent dans diverses directions, et le galop des chevaux annonça que les soldats se mettaient à la poursuite des fuyards. Enfin le bruit s'éteignit tout à fait; le quartier redevint calme et silencieux.

— Ils sont partis ! dit le marquis après un moment d'attente, et ils n'ont sans doute rien découvert..... Dieu m'en est témoin, dans ce danger je n'ai tremblé que pour vous !

— Ils peuvent revenir ! reprit la jeune fille avec une agitation fiévreuse ; profitez de ce moment pour fuir... Le bruit de cette alarme a sans doute éveillé mon père; malheur à vous et à moi s'il vous rencontrait ici !

— Je pars, Rosette ; mais, du moins, ne me direz-vous pas...

— Je vous dirai que chacune de vos paroles en ce moment est une lâcheté ! interrompit la jeune bourgeoise hors d'elle-même ; votre coupable folie a déjà causé peut-être la mort de plusieurs personnes... Cela ne vous suffit-il pas, monsieur le marquis !

Villenègre n'osa plus résister à cette colère légitime.

— Si j'ai commis une faute, je la réparerai en
gentilhomme, dit-il avec l'accent du repentir ; je vous
obéis, mademoiselle, et j'espère que vous ne l'oublie-
rez pas... Adieu ! adieu ! murmura-t-il.

Villenègre s'enveloppa dans son manteau et s'é-
lança légèrement sur la fenêtre. La fille de Poliveau
le suivit des yeux avec anxiété : quand il eut disparu elle se crut sauvée ; mais presque au même instant le marquis écarta de nouveau le rideau de serge
et montra son visage consterné.

— L'échelle n'est plus à sa place, dit-il, les gens
du guet ou mes propres amis l'ont sans doute emportée avec eux.

Toutes les angoisses de la belle drapière revinrent
aussitôt.

Je suis perdue ! s'écria-t-elle en sanglotant ; Dieu
m'a maudite, parce j'ai été trop vaine. Je ne dois
plus attendre ni repos ni pitié !

Cette douleur, dont il était la seule cause, fit une
grande impression sur le jeune gentilhomme.

— De grâce, mademoiselle, ne vous tourmentez pas
ainsi, reprit-il ; le comte de Manle et ses compagnons
savent dans quelle situation je me trouve ; sans doute
ils ne vont pas tarder à revenir... Je crois même
avoir entendu un léger chuchotement au-dessous de
la fenêtre, lorsque je me suis mis au balcon ; et si je
n'avais craint d'éveiller en appelant les gens de la
maison... Eh bien, continua-t-il avec résolution en
voyant que les larmes de Rosette ne cessaient de couler, je suis fort et agile... pour sauver l'honneur d'une
femme que j'aime, je puis bien risquer un saut de
vingt-cinq pieds...

En même temps il se mit en devoir d'accomplir ce
projet désespéré, mais Rosette courut à lui et le retint par le bras.

— Je ne le veux pas, je vous le défends ! dit-elle
avec effroi. Y pensez-vous, monsieur le marquis ?
vous vous tueriez ! J'aimerais mieux attendre un peu,
si toutefois vos indignes complices n'ont pas eu le
désir de nous jouer quelque tour infâme.

Cette dernière supposition, que Villenègre savait
être fort vraisemblable, excita au plus haut point
son indignation.

— Si de Manle avait eu cette pensée, murmura-
t-il avec rage, si, en me poussant à cette démarche,
il n'avait fait de moi qu'un instrument de ses rancu-
nes contre votre maison, je jure qu'il paierait cher
cette audacieuse intrigue ! Et cependant il serait possible... Oui, j'y songe ; il me parlait avec trop de
chaleur pour n'avoir pas un intérêt personnel dans le
service qu'il voulait me rendre ! Il faut que je parte,
car je soupçonne une trahison... Mademoiselle, pouvez-vous me fournir quelque étoffe que j'assujétirais
à ce balcon ? je me glisserais ainsi jusqu'à terre sans
danger...

— C'est une inspiration du ciel ! dit la jeune fille
en courant à une armoire d'où elle retira du linge en
abondance.

En quelques minutes, ils eurent ajusté bout à bout,
plusieurs draps de toile. Ils travaillaient en silence et avec ardeur ; ils allaient attacher à la fenêtre cette échelle de nouvelle espèce, lorsque le bruit
de la cavalerie se rapprocha de la maison pour la se-
conde fois. Sans doute l'alarme récente donnée dans
le quartier ramenait le guet de ce côté ; le projet
de fuite par le balcon devenait donc impossible pour
e moment.

Cependant Rosette et le marquis espéraient encore
que les soldats passeraient sans s'arrêter ; mais la

oix forte de Poliveau retentit tout à coup dans une
pièce voisine.

— Holà ! Guillaume ! Giles ! criait-il, oubliant que
l'un de ses deux apprentis ne pouvait répondre à son
appel, descendez vite ! Des voleurs ont forcé la boutique ! au voleur ! au secours !

Aussitôt il y eut un grand tumulte au rez-de-chaussée : la porte de la boutique s'ouvrit, plusieurs personnes se mirent à courir dans la rue. Les soldats
du guet, voyant des individus suspects sortir d'une
maison et fuir à toutes jambes, s'élancèrent à leur
poursuite avec d'autant plus d'ardeur que la voix
déjà entendue par Rosette à la première alarme,
criait d'un ton faible :

— Ce sont eux ! sus, sus, messieurs de la prévôté !
ce sont les malfaiteurs que je vous ai signalés !

Pendant ce désordre à l'intérieur et à l'extérieur,
Rosette tremblait, perdait la tête ; mais le marquis
montra une présence d'esprit dont la jeune fille était
incapable.

— On va visiter la maison et je ne veux pas qu'on
me trouve ici, dit-il rapidement ; la porte de la boutique est encore ouverte, je puis m'échapper à la faveur de l'obscurité... Une fois hors de cette maison,
je défie ces pesants cavaliers de me suivre dans les
rues sombres et étroites de ce quartier... Mais je ne
connais pas les êtres du logis et j'ai besoin de quelques indications...

— Vous traverserez la salle à manger, répondit
Rosette qui pouvait à peine parler, vous descendrez
l'escalier et vous n'aurez plus qu'à traverser la bou-
que...

— C'est bien.

Et il ouvrit la porte de la chambre.

— Mais, monsieur le marquis, balbutia-t-elle au
moment où il allait partir, vous n'y songez pas ! on
va vous confondre peut-être avec les misérables qui
ont volé mon père !

Sans répondre, le marquis s'élança dans l'obscurité
de la salle, et bientôt des pas mal assurés ébranlèrent l'escalier qui conduisait à la boutique. Un moment Rosette le crut sauvé, car les cavaliers qui
poursuivaient les fuyards dans la rue avaient négligé
de garder la porte ; son espoir ne fut pas de longue
durée. La voix qui déjà l'avait frappée et qu'elle reconnut clairement cette fois pour celle de Giles Poinselot, se fit entendre au-dessous d'elle :

— A l'aide ! messieurs du guet ! s'écriait-il, voici
un de ces coquins... Accourez, ou il va m'échapper !

Des soldats mirent pied à terre et se précipitèrent
dans la boutique ; une lutte suivit et dura quelques
instants, comme si l'on eût fait une défense désespérée.

Tout cela se passait au milieu d'une profonde obscurité, et les gens du guet demandaient de la lumière
à grands cris. Enfin, Poliveau sortit à demi-vêtu de
sa chambre, tenant d'une main sa lampe, qu'il était
parvenu à rallumer, de l'autre une vieille pique, la
seule arme offensive qu'il possédât, et il descendit
rapidement au rez-de-chaussée.

VI

LE DÉVOUMENT.

Rosette était anéantie ; ces angoisses, sans cesse
renaissantes, avaient épuisé ses forces. Cependant,
lorsqu'elle distingua, au milieu du bruit, la voix fière
et hautaine du marquis, lorsqu'elle entendit les cris

déchirants de son père, elle ne put résister au désir de s'assurer par elle-même de la réalité des malheurs qu'elle prévoyait. Toute tremblante, elle se dirigea vers l'escalier, et, du haut des degrés, un spectacle étrange frappa ses regards.

Le plus grand désordre régnait dans la boutique; les tables étaient renversées, des marchandises, des pièces de drap jonchaient le plancher. La faible lueur d'une lampe éclairait divers groupes. Giles Poinselot, l'ex-apprenti, était assis sur un fauteuil, pâle, les habits déchirés, sans perruque et sans chapeau; son pourpoint entr'ouvert laissait voir sur sa poitrine un linge taché de sang, comme s'il eût reçu une blessure récente. En face de lui se tenait un personnage vêtu de noir, en rabat et en petit manteau; Rosette reconnut aussitôt maître Defunctis, le lieutenant-criminel de robe courte, alors célèbre par ses exploits contre les malfaiteurs dont Paris était infesté. Il interrogeait le blessé, à qui chaque réponse semblait coûter une atroce souffrance.

Au pied de l'escalier, à l'entrée du petit cabinet servant de caisse, Poliveau s'abandonnait au désespoir devant ses coffres forcés; les dix mille écus qu'il avait complétés le matin venaient d'être enlevés. A l'autre extrémité, du côté de la porte, le marquis de Villenègre, les vêtements en lambeaux, les mains liées, était debout entre deux soldats, et conservait cet air dédaigneux qui lui était habituel. Les cavaliers du guet, avec leurs cuirasses et leurs casques d'acier bruni, encombraient la porte; dans l'ombre de la rue leurs pesants chevaux piaffaient avec impatience.

Rosette s'appuya contre la rampe de l'escalier pour ne pas tomber; elle sentait ses jambes fléchir. Cependant elle ne comprenait pas bien encore ce dont il s'agissait, et elle écouta machinalement la déposition de Giles Poinselot.

— Par des motifs qu'il est inutile de rappeler, disait le blessé, je soupçonnais deux gentilshommes, venus aujourd'hui à la boutique, de méditer quelque fâcheuse entreprise contre mon bourgeois...

— Faites connaître ces motifs, interrompit le magistrat; vous ne devez rien cacher à la justice.

— Eh bien, reprit Giles avec embarras, je savais que l'un d'eux, qui se fait appeler le comte de Manle, était un homme taré, perdu de dettes et de débauches, une espèce de chevalier d'industrie, vivant de jeu et d'escroquerie... Aujourd'hui, lorsqu'on a apporté une forte somme d'argent à mon maître en sa présence, il observait attentivement où on la plaçait, il examinait les localités comme s'il eût cherché les moyens de pénétrer dans la boutique; cela m'a donné des soupçons... Quant à son compagnon...

En ce moment, les yeux du blessé se levèrent par hasard sur Rosette; il s'arrêta tout à coup.

— Eh bien, demanda le lieutenant-criminel, avez-vous observé que cet autre gentilhomme se soit livré au même examen?

— Non, dit enfin Poinselot avec effort : je le croyais de trop haute naissance pour s'associer à des voleurs, comme sa présence ici prouve qu'il l'a fait.

Le marquis de Villenègre haussa les épaules.

— Continuez, dit Defunctis.

— Ce que j'avais vu, reprit l'apprenti, me faisait désirer d'éclairer les démarches de ces deux personnages... je savais où je pouvais les retrouver, et j'avais hâte de m'assurer qu'ils ne méditaient rien contre mon bourgeois, maître Poliveau, ou contre quelqu'un de sa famille. Ce soir, donc, après l'ouvrage, je me

suis habillé décemment, et j'ai demandé à sortir; on m'a refusé d'abord, si bien que j'ai été obligé d'exiger mon congé. Je suis allé bien vite à la taverne où je comptais rencontrer les deux gentilshommes. Ils y étaient en effet ; mais au lieu de jouer et de boire comme à l'ordinaire, ils chuchotaient d'un air de mystère. Sans être aperçu, je me suis approché d'eux et je les ai observés avec beaucoup d'attention. J'ai vu bientôt arriver les laquais du prétendu comte de Manle, vêtus en bourgeois comme lui, et ils se sont mêlés à leur conversation..... Cette circonstance m'a donné à penser. Comment les gens d'un seigneur si orgueilleux avaient-ils quitté leurs livrées et paraissaient-ils causer familièrement avec lui? Dès que la nuit fut sombre, ils sortirent tous ; les deux gentilshommes ensemble, les autres à quelques pas derrière eux ; je les suivis. Ils prirent des rues désertes, détournées; je les perdis de vue pendant quelques instants. Cependant, ne doutant plus qu'ils ne dussent diriger quelque entreprise contre la maison de mon patron, je me dirigeai en toute hâte de ce côté.

« En tournant l'angle de la rue, à quelques pas d'ici, je fus accosté par deux hommes enveloppés de manteaux et qui semblaient faire le guet. Je les reconnus pour le secrétaire et le valet de chambre du comte ; ils me prièrent assez civilement d'abord de prendre un autre chemin parce qu'un cavalier de leur société était en partie galante de ce côté. Je n'avais garde de retourner sur mes pas; mais lorsque j'aperçus une échelle appliquée à la muraille de la maison et plusieurs individus immobiles sous l'auvent, je n'hésitai plus à pousser des cris d'alarme. Les coquins, se jetant sur moi, cherchèrent à m'empêcher de crier. Je mis l'épée à la main et je me battis contre eux en appelant du secours; un de ceux qui étaient sous l'auvent, et que je reconnus pour le comte de Manle, s'approchant vivement, me porta un coup d'épée dans la poitrine. Je tombai sans connaissance... le guet est arrivé en ce moment, et voyant que je donnais quelque signe de vie, on m'a transporté chez vous, monsieur le lieutenant... Je vous remercie des secours que vous m'avez prodigués, vous voyez combien ils ont été efficaces ! En revenant à moi, j'ai appris qu'on n'avait arrêté aucun des malfaiteurs; je vous ai prié d'envoyer du guet de ce côté encore une fois, de peur que les larrons de nuit ne fussent revenus à la charge, et j'ai voulu moi-même vous accompagner, malgré ma faiblesse, pour diriger vos recherches.., Mes prévisions ne m'avaient pas trompé ; l'arrivée de la force publique a mis en fuite les scélérats.

Après ce long récit qui expliquait si clairement tous les événements de la nuit, le blessé laissa tomber sa tête en arrière d'un air accablé; ses yeux se fermèrent à demi. Le magistrat ne voulut pas le presser de questions en ce moment, et se tournant vers le marquis de Villenègre, il fit signe à ceux qui le gardaient de lui permettre d'approcher.

— Monsieur le marquis, dit-il avec gravité, vous avez entendu la déclaration de cet apprenti; niez-vous, en ce qui vous concerne, qu'elle ne soit véritable !

— Je ne nie et je n'affirme rien, reprit le prisonnier d'un ton hautain; mais sachez-le bien, monsieur le lieutenant-criminel, vous aurez à payer cher votre insolence d'aujourd'hui envers un jeune gentilhomme qui a eu la fantaisie de se divertir aux dépens d'un vieux bourgeois... Chavagnac, Clermont, une foule d'autres qui appartiennent à la cour, ont bien fait

d'autres folies sans que le guet et les officiers du prévôt s'en soient mêlés ! ma famille est puissante...
vous verrez ce qu'il vous reviendra d'avoir traité
comme un vil coquin le fils du duc de Villenègre !

Defunctis ne parut pas très-encouragé par l'air d'assurance du prisonnier. Plus d'un magistrat avait été
désavoué et puni à cette époque, pour avoir fait son
devoir à l'encontre de certains jeunes seigneurs turbulents qui se croyaient tout permis. Cependant il
dissimula ses inquiétudes.

— Je rendrai compte à qui de droit de ma conduite,
dit-il avec dignité ; personne n'est au-dessus des
lois... Ne cherchez donc pas d'excuse, monsieur de
Villenègre, et n'affectez pas une insolence qui ne convient à personne devant la justice ! Il ne s'agit pas,
cette fois, d'un petit tapage nocturne dans une maison
de jeu, d'un manteau enlevé ou de quelqu'autre escapade de ce genre : une boutique a été forcée, un
vol de dix mille écus a été commis, un apprenti a
été blessé, peut-être mortellement, et vous que l'on
prend en quelque sorte sur le fait, vous croyez en
être quitte en déclarant le nom illustre de votre famille ? Non, non, monsieur le marquis : si vous êtes
coupable, il faut que la justice ait son cours... Cependant, ajouta-t-il plus bas par forme de correctif, je
serais heureux de vous trouver innocent,.. j'ai l'honneur de connaître monsieur le duc votre père, que
cet événement va plonger dans l'affliction !

Pendant cet interrogatoire, Poliveau allait et venait dans la boutique avec désespoir.

— Oh ! mon Dieu ! mon Dieu ! disait-il en se cachant le visage, était-il besoin de ce dernier et terrible coup ? Je suis perdu, déshonoré, ruiné ! Et ma
fille, que va-t-elle devenir ?

Ces plaintes touchantes frappaient les oreilles de
Rosette, mais elles n'arrivaient pas jusqu'à son cœur.
Toutes ses pensées étaient pour ce jeune gentilhomme, qui d'un mot pouvait la perdre et se justifier.

— Monsieur le marquis, reprit le magistrat d'un
ton insinuant, il me répugne de croire qu'un jeune
homme d'aussi grande naissance que vous êtes se
soit rendu coupable ou complice d'un crime aussi
bas ; votre présence ici ne pourrait-elle être attribuée
à un autre motif ? Donnez-moi quelques explications
plausibles... à moi seul... et je vous rendrai immédiatement votre liberté.

— Eh ! quel autre motif que celui de me voler mon
argent pouvait l'appeler chez moi ? s'écria le vieux
marchand avec une recrudescence de colère et de
douleur. Mais que fait-on ici ? interrompit-il d'un
ton farouche ; cet homme est coupable, qu'on l'em-
mène en prison ! C'est un misérable qui m'a ruiné ; je
me porte partie contre lui.... Cela ne suffit-il pas ?
Ami Defunctis, vous n'êtes pas si lent d'ordinaire à
remplir votre devoir !

Malgré ces énergiques exhortations, le lieutenant
criminel semblait avoir des doutes sur la culpabilité
du jeune Villenègre ; peut-être n'était-il pas fâché,
d'un autre côté, de paraître avoir la main forcée.

— Silence, Poliveau, dit-il gravement ; nous ne
devons pas nous souvenir de nos relations amicales
au bureau de la ville tant que je suis dans l'exercice
de mes fonctions... Et vous, monsieur, continua-t-il
en s'adressant à Villenègre, songez que la chambre
criminelle pourra être moins bien disposée que moi
à vous trouver innocent si votre cause arrive jusqu'à
elle... Parlez ; étiez-vous complice de ceux qui ont
commis le vol ?

Le marquis ne répondit pas ; Rosette avait descendu lentement l'escalier et s'était placée en face de
lui, dans l'ombre.

— Giles Poinselot, demanda le magistrat au blessé,
qui avait repris un peu de force, ne m'avez-vous pas
dit dans votre interrogatoire que maître Poliveau
avait une très-belle fille dont un de ces gentilshommes était amoureux ?

Tous les regards se tournèrent sur l'apprenti.

— Ne m'interrogez pas... Je ne sais... j'ignore....

Mais Defunctis avait vu son hésitation et sa répugnance à s'expliquer sur ce sujet ; ce fut une raison
pour lui d'insister davantage.

— Jeune homme, reprit-il avec plus de force, ne
me cachez rien ; cette affaire est de la plus haute
gravité... Si vous avez quelque chose de particulier
sur le marquis de Villenègre, je vous adjure de le
dire au nom de Dieu et de votre conscience, au nom
de la justice et de la vérité, afin d'éviter peut-être de
plus grands malheurs !

— Eh bien ! répondit le blessé, d'une voix basse
et étouffée, j'ai la certitude que M. de Villenègre est
amoureux de ma jeune maîtresse ; on peut même supposer qu'il est aimé d'elle... et, puisqu'il faut tout
avouer, continua-t-il en sanglotant, ma jalousie autant que l'intérêt de mon maître m'a poussé ce soir à
épier les démarches de ce jeune gentilhomme et de
son complice.

Le lieutenant criminel sourit avec satisfaction ; il
se sentait sur la trace de la vérité en ce qui concernait le marquis. On a pu voir déjà que le magistrat,
malgré sa rigoureuse probité, ne se souciait pas d'a-
voir pour ennemis les parents de Villenègre.

— Ainsi donc, reprit-il d'un ton mystérieux, il ne
serait pas impossible qu'il existât une intrigue entre...

— Giles Poinselot, malgré son dévouement pour
moi, en a menti comme un coquin s'il ose affirmer
cela ! s'écria Poliveau avec violence ; n'est-ce pas
assez que j'aie perdu dans cette fatale nuit ma fortune, mon crédit, ma vieille réputation de probité ?
faut-il donc encore m'attaquer dans ce que j'ai de
plus cher, dans l'honneur de ma fille unique ?

Defunctis imposa silence au malheureux marchand ;
il allait presser Giles de nouvelles questions, lorsque
le prisonnier s'avança impérieusement au milieu de
l'assemblée.

— Un débat sur ce sujet est inutile, dit-il de ce ton
dégagé qui contrastait avec sa timidité en présence
de Rosette ; on fera ce que l'on voudra de moi ; mais
je ne consentirai jamais à me sauver en perdant une
jeune fille pure et irréprochable... Finissons-en,
messieurs... puisque l'on m'a trouvé dans la compagnie de ceux qui ont volé le marchand Poliveau, vous
devez supposer que je suis leur complice... Je remercie M. le lieutenant-criminel de sa bonne volonté
pour moi ; mais je ne me tirerai pas du danger par
une lâcheté !

Rosette s'était à demi évanouie sur un siège.

— Comme il l'aime ! murmura le pauvre apprenti,
en laissant tomber sa tête sur sa poitrine.

— Ce jeune homme a encore un peu de sang noble dans les veines ! s'écria Poliveau, il n'a pas voulu
se sauver par une bassesse !

Le magistrat avait fait un signe de désappointement en voyant Villenègre se détourner dédaigneuse-
ment de la voie de salut qu'il lui avait ouverte.

— Une folle générosité vous aveugle peut-être,
monsieur le marquis, reprit-il presque affectueuse-
ment, je vous en supplie, songez au chagrin que cette

aventure va causer à M. le duc votre père, à madame la duchesse votre mère, dont vous êtes l'idole... Je vous invite, pendant qu'il en est temps encore, à rétracter cet incroyable aveu.

Villenègre se taisait ; peut-être le souvenir de sa famille, que l'officier de justice venait d'évoquer l'avait-il ému trop vivement ; Defunctis continua plus bas :

— Songez, de grâce, monsieur le marquis, à ce qui vous attend, si vous persistez à ne pas vous défendre... Vous serez jugé et condamné ; votre écusson sera brisé publiquement par la main du bourreau, vous irez achever les restes d'une vie qui peut être si belle sur les galères du roi..... Votre famille a des amis puissants, je le sais, mais elle a aussi de puissants ennemis, parmi lesquels est madame la maréchale..... On ne vous sauvera pas ; souvenez-vous de Beaumanoir, du baron de Beauveau et de tant d'autres ! Je vous en conjure, songez que la réputation d'une petite bourgeoise coquette ne vaut pas l'honneur d'une vieille et illustre maison !

Rosette, cachée dans l'ombre à deux pas de l'interlocuteur, avait tout entendu ; elle suivait avec anxiété les mouvements du jeune Villenègre. Elle le vit baisser la tête et passer la main sur son front couvert d'une sueur froide ; elle crut qu'il hésitait, elle frissonna. Mais au même instant le marquis se redressa et dit d'une voix ferme :

— Je répondrai devant mes juges ; en ce moment je n'ai rien à ajouter.

— Monsieur le sergent du guet, reprit le magistrat en poussant un profond soupir, conduisez ce cavalier en prison... Que sa faute retombe sur sa tête !

Cet ordre mit en mouvement toute l'assemblée. Le lieutenant-criminel leva les yeux au ciel comme pour le prendre à témoin de l'inutilité de ses efforts, puis il donna quelques ordres à voix basse afin de mettre la boutique de Poliveau à l'abri d'une agression ultérieure. Les soldats du guet s'avancèrent pour s'emparer du prisonnier ; déjà on entendait dans la rue un cliquetis d'armes, un piaffement de chevaux qui annonçaient un prochain départ. Rosette, par un mouvement inattendu, s'élança vers la porte au moment où le marquis s'éloignait avec ses gardes ; elle dit d'un ton ferme au lieutenant-criminel :

— Un moment encore, monsieur le juge ; vous ne connaissez pas toute la vérité ; j'aurai le courage de la dire !

VII

L'ABANDON.

L'air animé de Rosette, son geste plein d'autorité frappèrent de surprise les assistants.

Le magistrat prévit quelque révélation importante.

— Arrêtez ! cria-t-il aux gardes.

— Que viens-tu faire ici, mon enfant ? dit Poliveau, faut-il donc que tu sois témoin du plus grand malheur qui m'ait frappé depuis la mort de ta pauvre mère ?

— Je viens empêcher une injustice, répondit-elle. Mon père, avant de pleurer sur nos malheurs, ma conscience m'oblige de rendre hommage à la vérité...

— Mon Dieu, qu'allons-nous apprendre ? s'écria Poinselot en se redressant malgré sa blessure.

— Parlez, mademoiselle, dit le magistrat avec intérêt, que savez-vous ?

Rosette se taisait : la violence de ses sentiments l'empêchait de les exprimer...

— A quoi bon nous retenir ? s'écria Villenègre en faisant un mouvement pour sortir ; ne voyez-vous pas, monsieur le lieutenant-criminel, que les tristes événements de la nuit ont bouleversé la tête de cette pauvre jeune fille ?

— Non, non, monsieur, écoutez-moi, balbutia Rosette en saisissant le manteau du juge ; je sais, j'ai la certitude que M. de Villenègre n'a pris aucune part à ce vol abominable.

— En êtes-vous bien sûre, mademoiselle ? Où était donc M. le marquis pendant que l'on forçait la boutique de votre père ?

— Il était... il était... dans ma chambre.

Le plus profond silence accueillit cet aveu. Tout à coup le vieux marchand s'élança vers Rosette et la saisit rudement par le bras.

— Elle ment ! ne la croyez pas ! s'écria-t-il. Elle aime ce jeune homme, elle veut le sauver ; et pour cela elle ne craint pas de déshonorer son père, de se déshonorer elle-même ! Elle ment, je vous l'affirme ! Allons, montez à votre chambre, ajouta-t-il en cherchant à entraîner sa fille vers l'escalier ; vous avez assez dit d'impertinences aujourd'hui... Et vous, messire Defunctis, vous étiez mon compère, mon ami autrefois ; oubliez cette caillette.... quand les petites filles veulent se mêler d'affaires sérieuses, elles parlent à tort et à travers... Ne pensez plus à cela, je la punirai comme elle le mérite, je vous le promets !

Le malheureux bourgeois s'efforçait de prendre cet air de sévérité factice que les pères affectent avec un enfant gâté ; mais le lieutenant-criminel ne semblait pas disposé à traiter aussi légèrement la déposition de Rosette.

— Je suis fâché de vous contredire, sire Poliveau, reprit-il, mais il faut que vous laissiez votre fille parler devant moi en toute liberté.

— Mais je vous jure qu'elle ment ! elle ne sait de quoi il s'agit, elle ne sait ce qu'elle dit... Un homme caché dans sa chambre ! Elle si sage, si pieuse, recevoir dans sa chambre un jeune gentilhomme ! et cela quand on pille ma maison, quand mes serviteurs, quand on me réduit à la misère, à la banqueroute, à l'infamie ! Est-ce que cela est possible ? est-ce que cela n'est pas absurde ? elle invente ce mensonge pour sauver un muguet qui lui a débité parfois des galanteries en venant à la boutique.... Dites-lui de vous donner des preuves de ce qu'elle avance !... Ah ! ah ! je la défie de vous donner des preuves !

Et il se mit à rire d'un rire idiot qui arracha des larmes à plusieurs des assistants. Defunctis domina son attendrissement pour poursuivre ses investigations.

— Giles Poinselot, demanda-t-il au blessé, dont le désespoir différait peu de celui de Poliveau lui-même, croyez-vous sincère la déposition de cette jeune fille ?

— Hélas ! elle ne peut dire que la vérité, répondit l'apprenti à demi-voix ; ce que je redoutais le plus est arrivé.

— Mais des preuves ? s'écria le marchand, exigez des preuves !

— Mon père, dit la belle drapière avec fermeté, ne vous hâtez pas de m'accuser ; je vous jure devant Dieu que je suis innocente de tout crime ; c'est pour cela que je suivrai les impulsions de ma conscience... M. de Villenègre, par un sentiment que j'apprécie, a voulu me faire le sacrifice de son nom, de son rang, de sa liberté, de sa vie peut-être ; je n'accepte pas

Je fus accosté par deux hommes enveloppés de manteaux. — Page 24, col. 2.

ce sacrifice. Je déclare que, cette nuit, le gentilhomme ici présent s'est introduit dans ma chambre contre ma volonté ; il y est resté tout le temps qu'on a employé à commettre le vol... et s'il faut des preuves à ce que j'avance, on trouvera sur ma fenêtre l'empreinte des pieds de M. de Villenègre ; son manteau est encore sur un siége près de la cheminée.

A mesure qu'elle parlait, le visage de Poliveau prenait une expression plus terrible ; mais lorsqu'elle en vint aux circonstances qui devaient prouver si clairement l'exactitude de son témoignage, il s'élança vers elle.

— Et elle n'a pas crié ! elle n'a pas appelé à son secours ! disait-il en grinçant les dents ; misérable créature !

Les soldats se saisirent de lui.

— Retenez ce pauvre homme, ordonna Defunctis avec une expression de satisfaction évidente ; et vous, monsieur le sergent, continua-t-il en s'adressant à l'officier du guet, montez à la chambre de cette jeune fille ; vous vous assurerez de la vérité de cette déposition.

Le sergent se fit accompagner de Geneviève, qui était descendue avec Guillaume depuis quelques instants Guillaume et les soldats retenaient le malheureux Poliveau en, proie au plus affreux délire.

— Mon père ! mon père ! s'écriait Rosette en se traînant à genoux devant lui, de grâce ne me maudissez pas ! Mon père, je ne suis pas coupable !...

Mais le vieillard ne l'écoutait plus ; il rugissait en se débattant au milieu des hommes robustes qui s'é-

taient emparés de lui. Villenègre s'approcha de la belle drapière et dit d'une voix émue :

— Malheureuse enfant ! qu'avez-vous fait ? C'était moi qui avait commis la faute, était-ce donc à vous d'en porter la peine ? Ne valait-il pas mieux m'abandonner à mon sort?... Avec des protections puissantes....

— Laissez-moi, monsieur, interrompit la jeune fille en le repoussant par un geste plein de dignité : je n'ai pas voulu accepter votre sacrifice, et je me suis sacrifiée moi-même. Nous ne nous devons plus rien ; je ne vous connais plus... Maintenant j'appartiens toute entière à ce malheureux vieillard dont vous avez empoisonné les derniers jours...

Le sergent du guet redescendit après avoir achevé l'examen qui lui avait été prescrit. Il avait vu sur la fenêtre les traces indiquées par Rosette ; il rapportait le manteau de Villenègre et les linges que les jeunes gens avaient ajustés bout à bout pour en faire une sorte d'échelle. Ces preuves étaient convaincantes, aussi messire Defunctis n'eut-il plus un instant de doute.

— La vérité se découvre enfin, s'écria-t-il ; c'était par délicatesse, par générosité que M. de Villenègre se déclarait complice du vol... Les véritables coupables, c'est-à-dire le soi-disant comte de Manle et ses domestiques, seront poursuivis et punis ; je les retrouverai, soyez-en sûrs... En attendant, continua-t-il en s'inclinant devant le jeune gentilhomme et en déliant lui-même les cordes qui retenaient ses mains, vous êtes libre, monsieur, et j'espère que vous ren-

Les soldats se saisirent de lui. — Page 24, col. 1ʳᵉ.

drez compte à vos honorables parents, du zèle, de la complaisance...

Villenègre ne répondit pas; sa liberté semblait l'occuper beaucoup moins que les larmes de Rosette, toujours agenouillée. Dès que ses mains furent dégagées, il s'avança vers Poliveau et lui dit avec un respect profond :

— Je vous en conjure, monsieur, modérez votre colère; ne maudissez pas votre malheureuse enfant! Je vous affirme sur ma foi de gentilhomme et sur ma conscience, que mademoiselle Rosette n'a pas démérité de vous; elle est toujours digne de votre affection, de votre estime... J'ai pénétré chez elle par surprise; vaincu par ses instances, j'allais m'éloigner lorsque les bruits de la rue et la disparition de l'échelle m'ont empêché d'exécuter ce projet...

Mais ces explications ne firent qu'exaspérer le père outragé.

— L'entendez-vous, le beau damoiseau, le chevalier courtois, le défenseur des belles affligées! s'écria-t-il avec ironie; il me donne sa parole de gentilhomme! Oh! maudit soit tout ce qui a jamais porté cet exécrable titre pour la honte et le malheur des honnêtes gens!... Pendant que l'un me volait mon argent dans ma boutique, l'autre me volait ma fille!... Ils s'étaient partagés les dépouilles du pauvre marchand; l'un brisait la porte, l'autre la fenêtre; l'un emportait le coffre, l'autre l'honneur!... Misérables!... misérables!... Et je te croirais, toi, lorsque tu affirmes qu'elle est innocente? Non, non, ta présence ici l'a déshonorée; elle est à toi, prends-là... démon,

emporte l'âme que tu as damnée! Que ferais-je de cette pécheresse auprès de mon lit de mort? Je ne veux plus la voir! Partez tous, emmenez-la ou je la tuerai.

— Mon père! mon bon père! ne m'accablez pas de votre colère, de votre mépris; ne vous détournez pas de moi, ne me chassez pas... J'en jure par la sainte Vierge, par la mémoire de ma mère que vous avez tant aimée, je ne mérite pas votre haine!

Le vieillard la repoussa du pied avec une sombre et farouche détermination.

Villenègre allait encore élever la voix, mais Defunctis lui fit signe de se taire et dit au malheureux bourgeois d'un ton d'autorité:

— Que signifie une pareille obstination, sire Poliveau? comment un homme probe et sensé, comme vous l'avez été jusqu'ici, peut-il s'abandonner à de pareils transports? Voyons, continua-t-il avec plus de douceur, en prenant la main du vieillard et en la secouant cordialement, ce n'est plus le magistrat qui vous parle, c'est votre compère Defunctis, votre ancien ami de l'Hôtel de Ville... Revenez à vous! Vos malheurs sont grands, sans doute, mais ils ne sont pas irréparables; on vous a volé une forte somme, il est vrai, mais vous avez du crédit, des amis; vous vous tirerez de ce mauvais pas... Quant à votre fille, n'y a-t-il pas de l'injustice à la rendre responsable des étourderies d'un jeune cavalier qui s'est introduit dans sa chambre contre sa volonté? Et puisqu'elle vous jure qu'elle n'a rien à se reprocher, puisque M. de Villenègre affirme sur l'honneur...

Le marchand avait entendu la première partie de cette réprimande avec abattement, mais dès qu'on entreprit de défendre sa fille, il retomba dans les mêmes fureurs qu'auparavant.

— Ne me parlez pas d'elle, s'écria-t-il, elle veut nous tromper, elle ment! Si elle n'aimait pas ce jeune muguet, que Dieu confonde! lui eût-elle sacrifié l'honneur de son père et le sien? Je vous dis que c'est une abominable créature.... je la hais... je la tuerai, si on ne me délivre pas de sa présence....

Le magistrat comprit que, dans cet état d'exaspération, le pauvre vieillard resterait sourd à toutes les explications, et il ne savait plus à quel parti s'arrêter pour mettre fin à cette déplorable crise. Poliveau reprit tout à coup, d'un ton relativement plus calmé et même avec l'accent de la prière :

— Vous venez de rappeler vous-même, messire Defunctis, notre ancienne amitié dans des temps plus heureux... Eh bien! aidez-moi à sortir de l'épouvantable situation où je me trouve. Ecoutez, je suis ruiné, déshonoré; demain peut-être les sergents, les huissiers viendront m'enlever ce qui me reste, je serai déclaré banqueroutier, infâme; mes honneurs passés ne seront pour moi qu'un malheur de plus... La vie me sera désormais à charge et je pourrais bien me laisser entraîner à l'horrible tentation de me venger de celle qui cause tous mes maux... Defunctis, mon ami, sauvez-moi de cette tentation, épargnez-moi le crime de verser mon propre sang; emmenez avec vous cette odieuse créature. Vous êtes un homme respectable, prudent, à qui l'on peut confier une pareille mission. Emmenez-la, à moins toutefois qu'elle ne veuille suivre son séducteur, car elle lui appartient, il peut la réclamer! mais qu'elle parte à l'instant, si elle passait seulement une seule nuit sous le même toit que moi, je ne répondrais pas de ma colère!

En prononçant ces dernières paroles, le vieillard avait dans le regard, dans le geste, dans l'expression du visage, une sauvage énergie; nul ne doutait qu'il ne fût capable de réaliser ces menaces. Rosette seule ne fut pas épouvantée de cet effrayant délire! elle se leva, marcha droit à son père, et lui dit avec une résignation étrange :

— Eh bien! me voici, mon père; tuez-moi; ne suis-je pas à vous? Eloignez-vous, messieurs, continua-t-elle avec fermeté, votre ministère est fini maintenant.... De quel droit venez-vous vous placer entre un père et sa fille? Ne craignez rien pour moi; je lui ferai bien entendre que je ne mérite ni sa haine ni son mépris... d'ailleurs, quand même il accomplirait sa menace, je ne me plaindrais pas; j'aime mieux mourir que de vivre avec sa haine; ma mort expierait du moins à ses yeux les fautes qu'il me reproche; il me pleurerait peut-être!

— Elle me brave, entendez-vous? Elle me brave, s'écria le malheureux marchand, incapable d'apprécier la touchante soumission de sa fille.

Villenègre s'était approché du lieutenant-criminel et lui avait parlé bas avec chaleur.

— Mademoiselle, dit le magistrat avec gravité en prenant Rosette par la main, il est inutile de chercher à adoucir votre père dans un pareil moment; il faut laisser agir le temps, la réflexion; demain, peut-être, il sera plus calme... En attendant, souffrez que je vous conduise chez moi; je vous confierai à ma femme qui aura pour vous les soins d'une mère, si mieux vous n'aimez chercher un asile au couvent de l'Ave-Maria, dont la supérieure est ma parente... Je

crois convenable, prudent même, pour ne pas irriter plus longtemps Poliveau par votre insistance inutile...

— Je ne le quitterai pas! s'écria la pauvre enfant avec force; je ne l'abandonnerai pas, lorsque tant de maux viennent l'accabler à la fois!... qui le soutiendrait, qui le consolerait, qui l'aimerait?

— Moi! répondit Giles Poinselot d'une voix faible.

Villenègre voulut joindre ses instances à celles du magistrat, mais Rosette l'interrompit brusquement.

— De quel droit, monsieur, demanda-t-elle, venez-vous me donner vos conseils? Est-ce donc parce que je porte la peine de votre insigne lâcheté?

Le jeune homme se redressa avec noblesse.

— Vous me demandez de quel droit? s'écria-t-il de manière à être entendu de tous les assistants, du droit qu'ont les coupables de se repentir et d'expier leurs fautes, du droit qu'ont les imprudents de réparer le mal qu'ils ont fait... Et si cela ne suffit pas, du droit que peut avoir un mari de veiller sur sa femme; car j'en prends à témoin ceux qui sont ici présents, sur mon honneur de gentilhomme, je jure de n'avoir jamais d'autre femme que vous!

En entendant cette promesse solennelle, le magistrat hocha légèrement la tête en signe de doute. Poliveau poussa un éclat de rire moqueur.

— Et maintenant, monsieur, continua le marquis en s'adressant à Defunctis, accomplissez votre projet... c'est la marquise de Villenègre qui est désormais confiée à vos soins paternels.

Le lieutenant-criminel s'inclina et voulut emmener Rosette; mais elle résista de toute sa force.

— Jamais! jamais! s'écria-t-elle d'une voix éclatante.

— Ah! ah! elle ne ne veut pas être marquise! dit Poliveau avec son sourire d'insensé; elle veut y être contrainte, la douce et bonne créature! Allons, vous autres, saisissez-la.... Elle vous récompensera lorsqu'elle sera duchesse, et moi, je vous remercierai.

— Mon père! mon père! s'écria la pauvre Rosette, que Defuctis entraînait malgré sa résistance, m'avez-vous donc abandonnée à ce point?

— Sire Poliveau, dit le lieutenant-criminel en s'arrêtant sur le seuil de la porte, quand votre cœur de père se réveillera, vous viendrez me demander votre fille!

Le vieillard se leva, étendit la main et s'écria d'une voix de tonnerre :

— Puissent les flammes de l'enfer...

Mais il n'acheva pas sa malédiction; il tomba évanoui dès qu'il n'aperçut plus Rosette.

Lorsqu'il reprit ses sens, il se trouva encore dans la boutique. A sa droite et à sa gauche se tenaient Geneviève et Guillaume, lui prodiguant les secours les plus empressés. En face, sur un autre siége, était Giles Poinselot, aussi faible, aussi souffrant que lui. Toutes les autres personnes s'étaient éloignées; on entendait seulement devant la maison les pas cadencés d'une sentinelle que le lieutenant-criminel avait laissée pour prévenir de nouvelles tentatives de vol. Un faible rayon du jour se glissant à travers les barreaux du cintre, au-dessus de la porte, faisait pâlir la lueur de la lampe qui brûlait encore sur le comptoir. Un morne silence régnait dans ce lieu si bruyant quelques heures auparavant.

Le pauvre marchand se souleva avec effort et regarda lentement autour de lui; puis, tout-à-coup, il porta la main à son front, comme s'il venait d'y recevoir une blessure... Sans doute il se souvenait, car il baissa la tête et il pleura.

Les assistants se gardèrent de troubler sa douleur; ils pleurèrent avec lui. Bientôt il se redressa de nouveau et examina, l'un après l'autre, ceux qui l'environnaient. En reconnaissant Geneviève et Guillaume, il fit un signe affectueux pour les remercier de leurs soins. Mais dès que ses yeux se furent attachés sur Gilles Poinselot, qui attendait avec anxiété l'effet de cet examen, il se leva en chancelant et courut à lui les bras ouverts.

— Giles! mon pauvre Giles! s'écria-t-il, te voilà donc revenu?

Ils s'embrassèrent et confondirent leurs larmes.

— Maître, reprit le blessé, vous ne m'en voulez donc pas d'être resté? vous n'êtes donc plus en colère contre moi? vous ne me chassez plus?

— Moi être en colère contre toi? s'écria le malheureux père; moi te chasser? mais je n'aime plus, je n'estime plus que toi sur la terre! Pendant que tout le monde dormait, tu veillais, toi, sur ma fortune et sur mon honneur, toi que j'avais repoussé, insulté, honni! Pendant que les voleurs et les infâmes s'introduisaient dans mon logis, tu étais là, sur le seuil, pour le défendre; tu versais ton sang comme le chien fidèle, en donnant l'alarme!... Moi, te chasser? mais tu n'es plus mon hôte, tu n'es plus mon apprenti, tu es mon fils bien aimé!

— Bourgeois, interrompit timidement Giles, vous avez une autre enfant, et...

— Ne m'en parle pas, s'écria Poliveau avec violence, ne m'en parle pas, si tu veux que je vive!... Vous autres, continua-t-il d'un ton farouche en se tournant vers Guillaume et Geneviève, souvenez-vous que je n'ai pas de fille, que je n'en eus jamais... si quelqu'un de vous a l'audace de prononcer son nom devant moi...

En ce moment ses yeux tombèrent sur la place que Rosette occupait d'ordinaire dans la boutique. Son fauteuil, sa corbeille à ouvrage, son éventail étaient encore posés là, comme si elle eût dû revenir. L'aspect de ces objets brisa le courage du pauvre homme; il retomba sur son siège et se couvrit les yeux en sanglotant.

— Il lui pardonnera peut-être! murmura Giles en regardant Guillaume, mais la ruine et le déshonneur n'en vont pas moins venir frapper ici... Nous ferons tous notre devoir!

VIII

L'ENCLOS DU TEMPLE.

Il reste bien peu de chose aujourd'hui de l'ancien quartier du temple, tel qu'il était il y a deux ou trois siècles. Tout l'espace compris entre le boulevard, la rue de la Corderie et la rue du Temple, formait alors un vaste enclos qui, après avoir appartenu à l'ordre des Templiers, était devenu, depuis Philippe-le-Bel, la propriété des chevaliers de Malte. Ce terrain avait été anciennement entouré de fossés et de murailles, flanqué de tours et garni de ponts-levis comme une véritable place de guerre; mais, à l'époque où nous nous trouvons, ces remparts menaçants avaient disparu en partie; le mur fortifié, avec ses poivrières et ses tourelles, n'existait plus que du côté de la rue du Temple, où se trouvait l'entrée principale de l'enclos. Cette entrée, située dans un enfoncement, entre l'hôtel du grand prieur et la muraille, à peu près en face de la rue des Fontaines, était une voûte sombre, pratiquée sous une vieille et haute masure. Là veillait

nuit et jour une garde suffisante pour faire respecter le droit d'asile dont jouissait le quartier.

L'intérieur de cette enceinte offrait à l'œil un assemblage de maisons de bois, agglomérées sans ordre, pour la plupart sales et délabrées. Cependant, plusieurs de ces constructions, isolées des autres et d'un aspect plus moderne, étaient entourées de jardins bien cultivés; elles eussent ressemblé à de jolies fermes, si ce n'eût été la parcimonie avec laquelle on leur avait distribué l'air et l'espace.

Deux ou trois grands édifices dominaient cet amas confus de bâtiments et de feuillage. Outre l'hôtel du grand-prieur, vaste et noble palais dont une partie existe encore, on voyait au fond de la place principale, alors appelée proprement le *Temple*, une vieille tour gothique servant de prison aux chevaliers. A droite, à l'extrémité du jardin du prieuré, s'élevait le monument lugubre si célèbre sous le nom de *Tour du Temple*; il était carré, flanqué aux quatre coins de tours énormes, noir, sombre, aux fenêtres grillées ou garnies d'abat-jour; ses flèches hardies semblaient se perdre dans les nues. Cette espèce de forteresse avait été bâtie au treizième siècle par le frère Hubert, trésorier des Templiers, pour servir à renfermer les archives de son ordre. Plus tard, les rois de France y déposèrent leurs trésors lorsqu'ils partaient pour les guerres lointaines, et à l'époque dont nous parlons, elle contenait les archives des chevaliers de Malte. Mais on sait que l'histoire de la tour du Temple ne s'arrête pas là; le malheureux Louis XVI attendit pendant cinq mois entre ses épaisses murailles l'arrêt que la convention allait porter contre lui.

Ces monuments historiques, ces orgueilleux palais, jetés au milieu des bicoques et des grands arbres dont l'enclos était rempli, lui donnaient une physionomie et un caractère particuliers. Ses habitants ne ressemblaient non plus entièrement à ceux des autres quartiers de Paris. Ils pouvaient se partager en deux catégories bien distinctes: les uns sombres, moroses, inquiets, les autres pétulants, gais, joyeux jusqu'à la folie. On en voyait se glisser lentement le long des maisons, jetant autour d'eux des regards furtifs et honteux, la tête basse, tandis que d'autres chantaient à tue-tête et s'enivraient dans les nombreuses tavernes de l'enclos. Pendant les beaux jours, les uns venaient s'asseoir tristement sur la place principale, mornes, pensifs, ne paraissant plus vivre que par la pensée ou le souvenir, pendant que les autres prenaient bruyamment leurs ébats et passaient le temps en jouant à la paume ou aux quilles. Du reste, tous les rangs, toutes les conditions semblaient avoir des représentants dans la foule bariolée qui habitait l'asile du Temple; il y avait de jeunes et brillants gentilshommes en pourpoint de soie, et de pauvres hères en guenilles; il y avait des abbés, des bourgeois, des gens de robe et des gens de plume, chacun avec son costume caractéristique, ses mœurs et ses goûts; c'était une ville en raccourci où ne manquaient ni les petites passions, ni les petites intrigues, ni les caquetages des villes de province.

Or, tous les habitants de ce quartier, abbés et militaires, bourgeois et gentilshommes, étaient réunis là par un motif commun; tous étaient banqueroutiers ou débiteurs insolvables; tous s'étaient réfugiés dans ce coin de Paris pour échapper aux poursuites des sergents et des huissiers, ou aux exactions des collecteurs d'impôt. L'enclos du Temple était alors ce que la Belgique et l'Angleterre sont de nos jours pour beaucoup de gens, un asile contre les créanciers.

Tel était en effet le privilège dont jouissait de temps immémorial ce vieux quartier. On sait combien Paris avait autrefois de juridictions différentes, les unes séculières, comme celles du prévôt et du bailly, les autres ecclésiastiques, comme celles de l'abbé de Saint-Germain-des-Prés ou du chapitre de Notre-Dame, juridictions qui, se croisant, s'entravant les unes les autres, nuisaient à la prompte répression des crimes et délits. Le pouvoir exercé par le grand-prieur de Malte sur l'enclos provenait du grand-maître des Templiers, l'ancien propriétaire, qui avait eu droit de haute et basse justice sur le territoire de la corporation dont il était le chef. Les chevaliers de Malte, comme les autres seigneurs hauts-justiciers de Paris, avaient été de tous temps très-jaloux de leur autorité, et aucune arrestation pour dettes ne pouvait avoir lieu dans l'enclos si ce n'est par les officiers de monseigneur le grand-prieur; or, comme monseigneur et son ordre trouvaient leur profit à faire du Temple un lieu d'asile, il était sans exemple qu'ils eussent donné à personne le droit d'en violer la franchise. Cet état de choses a duré jusqu'à la révolution de 1789, où les priviléges et les justices particulières ont été abolis.

Du reste, bien qu'au commencement du dix-septième siècle l'art de s'enrichir en faisant banqueroute n'eût pas encore été perfectionné comme aujourd'hui, il ne faut pas croire que tous les habitants de l'enclos du Temple fussent réduits à la misère; il y avait là, au contraire, autant de gens riches que dans aucun autre quartier de Paris; certains débiteurs s'y étaient même fort bien acclimaté et n'eussent pas volontiers changé de demeure. Les marchands qui étaient venus se réfugier pour échapper au pilori et au bonnet vert par lequel on distinguait alors les banqueroutiers, y avaient élevé des boutiques et ils y exerçaient leur industrie en toute liberté, souvent avec succès. Certains gentilshommes, qui n'avaient pas eu assez de crédit pour se soustraire aux poursuites de leurs créanciers, s'y battaient, jouaient et courtisaient les femmes, comme au Cours-la-Reine ou à la place Royale; certains abbés y mangeaient leurs revenus aussi gaiement que s'ils n'eussent pas délapidé les biens de leurs abbayes et encouru les anathèmes de leur évêque. On jouait gros jeu et on menait joyeuse vie.

En revanche, pendant le jour, à l'exception du dimanche, aucun des habitants de l'enclos ne pouvait en sortir sans courir le risque de tomber entre les mains de ses ennemis. Le ruisseau qui partageait en deux la rue du Temple était la limite fatale au-delà de laquelle les priviléges du lieu cessaient de protéger les débiteurs; que de ruses, de stratagèmes employaient les créanciers et leurs sergents pour attirer sur la rive gauche de ce cours d'eau fétide les pauvres reclus parqués sur la rive droite!.. Le gentilhomme voyait passer devant lui la femme qu'il avait aimée, au bras d'un joyeux mousquetaire qui le regardait en ricanant; malheur à lui s'il se laissait aller à la tentation de les suivre et de franchir la frontière! le mousquetaire se changeait en huissier du Châtelet, qui exhibait tout à coup son mandat et traînait le jaloux en prison. Souvent on venait annoncer à un marchand banqueroutier qu'un de ses anciens débiteurs avait eu des remords et l'attendait dans une rue voisine avec un sac d'argent; malheur à lui s'il donnait dans le piége! le débiteur se trouvait être un gros sergent, qui mettait sans façon la main au collet du trop confiant boutiquier et le conduisait en lieu de sûreté. Aussi les hôtes du grand-prieur se tenaient-ils en garde contre les surprises; chacun restait tranquillement dans l'asile commun, occupé de ses plaisirs ou de ses affaires. Seulement, le dimanche ou le soir après le coucher du soleil, les habitants de l'enclos avaient le droit de se répandre dans Paris; ils pouvaient aller narguer les créanciers dans les lieux publics et les irriter quelquefois par l'étalage d'un luxe effronté. Mais dès que le soleil remontait sur l'horizon il fallait revenir au plus vite; bien des imprudents s'étaient repentis d'avoir oublié l'heure auprès d'une femme ou d'une bouteille.

Tel était autrefois l'enclos du Temple. Nous demandons pardon au lecteur pour la longueur de ces détails, mais il était nécessaire, avant de poursuivre notre récit, de lui faire connaître l'étrange partie de Paris où nous allons l'introduire, un an environ après le jour où le vol de dix mille écus, commis chez Poliveau, avait consommé la ruine de l'honnête marchand drapier.

Dans une impasse écartée, presque en face de la célèbre tour, était un cabaret borgne, auquel on arrivait par une sorte de sentier pratiqué entre les haies de clôture et ombragé d'ormes séculaires. Ce cabaret consistait en une vieille maison de bois à trois étages, vermoulue, branlante, à moitié pourrie; néanmoins une vigne luxuriante, plantée près de la porte principale, cachait les lézardes des murailles sous ses pampres verts et donnait presque un air riant à cette masure. C'était là qu'en raison de la modicité des prix du vin, se réunissaient les moins turbulents habitants de l'enclos, aussi l'appelait-on la *taverne aux bourgeois*, par opposition à la *taverne aux gentilshommes*, située à l'autre extrémité de l'enceinte près de l'entrée principale. Du reste, elle n'était pas exclusivement réservée aux hôtes roturiers et aux marchands ruinés. Quoique dans l'enclos du Temple, la distinction des castes fût alors aussi bien établie que partout ailleurs, certains gentilshommes ne dédaignaient pas de se mêler aux habitués plébéiens de la taverne aux bourgeois; mais il faut avouer que d'ordinaire ces transfuges étaient peu fortunés, et ne pouvaient frayer seulement avec les gens économes qui hantaient ce paisible cabaret. Toujours est-il que les scènes de désordre, les batteries et les scandales y étaient beaucoup plus rares que dans l'autre maison, fréquentée par l'aristocratie des banqueroutiers et des grands seigneurs insolvables.

Un soir d'été, au moment où le soleil venait de se coucher, quelques personnes étaient réunies dans la salle basse de cette taverne, autour de plusieurs tables boiteuses qui, avec des bancs grossiers et des tabourets de bois, formaient tout l'ameublement. Les fenêtres ouvertes, permettant à l'air frais de pénétrer dans l'intérieur de la salle, laissaient le regard errer sur l'horizon borné de l'enclos. Des milliers de moineaux piaillaient dans les arbres; des oiseaux de nuit commençaient à planer au sommet de la grande tour, qui se dessinait en noir sur le ciel. Déjà plusieurs habitués du cabaret venaient d'en sortir pour se répandre dans Paris, car, nous l'ayons dit, la nuit était heure de franchise pour les habitants du Temple. Il ne restait plus que cinq ou six bourgeois qui jouaient au lansquenet et se disputaient à grands cris quelques liards. Près de la fenêtre était un homme de haute taille, vêtu d'un costume militaire flétri, à collet de buffle; sa figure, partagée par une balafre rouge, avait bien l'air. le plus rébarbatif que l'on pût voir. Ce personnage, assis seul à une table devant un pot d'hypocras, tenait sur ses genoux une lourde épée à poignée de fer d'un aspect formidable. Il ne disait rien et vidait silencieusement son gobelet d'é-tain. Néanmoins, lorsque les discussions des joueurs, ses voisins, devenant trop bruyantes, troublaient sans doute ses méditations, il faisait entendre un certain grondement, analogue à celui d'un dogue, et ce signe de mécontentement arrêtait immédiatement les criail-leries des pauvres gens. ,

Non loin de cet homme, ébauche barbare de ce que l'on a appelé plus tard « un tyran de café, » on voyait dans un angle de la salle et dans l'ombre, un vieillard d'humble apparence, courbé par l'âge et les chagrins. Il s'était retiré à l'écart, et la table, posée devant lui, ne portait aucun rafraichissement, soit qu'il fut trop pauvre pour faire de la dépense, soit que dans la morne rêverie où il était plongé, il eût oublié de donner des ordres à une vieille servante bossue qui allait et venait dans la salle. Il restait dans une insensibilité complète, accoudé sur la table, le front appuyé sur sa main ; seulement, de temps en temps il jetait un regard distrait vers la fenêtre, d'où il pouvait voir tous ceux qui passaient devant la mai-son ; personne peut-être dans le cabaret n'avait en-core remarqué sa présence.

De son côté, le farouche Balafré semblait aussi at-tendre quelqu'un ; mais loin d'imiter la résignation du vieillard taciturne, il fronçait ses gros sourcils et il proférait, à intervalles de plus en plus rapprochés, des jurons à demi-étouffés. Enfin il parut se calmer lorsqu'une voix haute et claire se fit entendre à la porte de la salle ; on parlait au cabaretier et on disait avec insolence :

— C'est le capitaine du Corbineau que ze demande.. Comment, faquin, tou ne connais pas le brave capi-taine du Corbineau ?

— Par ici ! par ici donc ! s'écria d'une voix rauque le balafré en se levant.

Au même moment, un personnage que nous con-naissons déjà et qui n'était autre que le comte de Manle ou soi-disant tel, entra dans la salle. *Monsei-gneur* affectait encore de grands airs et se dandinait fièrement en marchant, mais il n'était plus richement équipé comme le jour où il était allé jouer chez Po-liveau la comédie de la biche privée. Si sa moustache était toujours aussi bien cirée, si son panache était toujours aussi haut, son pourpoint, en revanche, était horriblement râpé et son haut-de-chausses com-mençait à perdre sa couleur primitive. Enfin il était seul, sa position ne lui permettant plus sans doute de traîner à sa suite ces laquais et ces pages qui l'accompagnaient partout autrefois.

Malgré la pauvreté de son extérieur, de Manle jeta un regard méprisant aux bourgeois lorsqu'il passa près d'eux ; puis il courut, les bras ouverts, au bala-fré, en lui disant avec son obséquieuse politesse :

— Que ze vous salue de toute mon âme, capitaine ! *veramente*, ze souis plus heureux que vos ennemis, qui n'ont zamais osé vous regarder en face, tant vous êtes brave ! ze souis ravi..

— Allons ! trève à vos flagorneries de courtisan, interrompit du Corbineau avec rudesse ; vous pensez bien, compagnon, que je ne vous ai pas donné ren-dez-vous à la *Taverne-aux-Bourgeois* pour échanger des propos de caillettes ! Prenez-donc place, morbleu, et causons en buvant un coup.

En même temps il fit asseoir le nouveau venu et

lui versa un gobelet d'hypocras que l'autre avala les-tement sans se faire prier.

Au moment où de Manle était entré dans la salle, le vieillard silencieux dont nous avons parlé s'était levé tout à coup et avait paru vouloir s'élancer sur lui ; mais presque aussitôt il était retombé sur son banc, en laissant échapper un sourd gémissement.

Les deux amis ne remarquèrent pas ce mouvement de leur voisin ; après avoir vidé sa coupe, le soudard reprit avec l'accent d'une farouche cordialité :

— Voilà longtemps, cavalier, que nous n'avons trinqué ensemble... Qu'avez-vous donc fait depuis que nous ne nous sommes vus ?

— Des folies, mon ser, des folies de zentilhomme, répondit de Manle avec légèreté, en croisant ses jam-bes l'une sur l'autre.

— En effet, reprit le capitaine en baissant la voix, j'ai entendu dire que vous vous étiez trouvé mêlé à quelque vilaine histoire...

— Vous pouvez bien le dire, riposta de Manle en haussant le ton comme s'il eût voulu mettre dans la confidence de ses secrets tous ceux qui étaient dans la salle : Nous autres de la cour, il nous arrive tou-zours des histoires vilaines ou belles ; mais cela fait passer le temps, et du moins nous ne ressemblons pas à des croquants !

— Oui, reprit du Corbineau en ricanant, mais avec cela on va aux galères.

De Manle fit un geste de mépris.

— Fi donc ! capitaine, reprit-il avec humeur, vous avez appris à la guerre de méçants mots et vous avez une façon de parler peu courtoise... Où avez-vous vu qu'un zentilhomme bien né va zamais dans ces en-droits-là ? Chavagnac, Châtillon, Sancy ont zoué bien d'autres tours, et il ne leur est pas arrivé d'acci-dent. Mais ze veux vous conter la soze, c'est une zentillesse, une pure zentillesse.

— Parlez bas, du moins, dit du Corbineau en dé-signant les bourgeois attablés à quelque distance.

— Je me soucie bien que l'on m'entende ! s'écria le fanfaron en fixant un regard provocateur sur ses voisins ; s'il y a parmi tous ces coquins un zentil-homme qui trouve que j'ai mal agi, qu'il me le dise et je lui ferai raison... Mais pour en revenir à cette aventure, imaginez-vous que le petit Villenègre et moi nous avions résolu de nous venger d'un butor de marçand qui nous avait refusé crédit. Le petit Vil-lenègre était amoureux de la fille de ce vieux, si bien que nous résolûmes d'enlever la péronnelle. La nuit venue, nous plantons une échelle à la fenêtre, et mon compagnon monte pendant que ze fais le guet avec mes valets... Mais voilà que drôles, pour passer le temps, commencent à forcer la boutique, lorsqu'un cocardeau, qui était de la maison, se zette sur nous en braillant comme une corneille. Ze lui porte un coup qui l'étourdit, il tombe, mais ses cris ont appelé le guet, nous enlevons notre échelle et nous gagnons au pied, laissant Villenègre se tirer de là comme il pourra.

— Et comment s'en est-il tiré ?

— Ma foi, pas trop bien ; ze n'ai pas voulu retour-ner de peur des archers qui rôdaient par là, et z'ai envoyé mes laquais avec l'échelle pour délivrer le prisonnier... mais les coquins, au lieu de m'obéir, se sont amusés à piller la boutique, et on dit qu'ils ont bien pris au marchand dix mille écus... Je ris encore lorsque ze songe à la mine pénaude que devait avoir ce vieux maraud en trouvant ses sacs déménazés !

Et il se mit à rire bruyamment en regardant les

bourgeois d'un air effronté; ils avaient cessé de jouer et écoutaient avec stupeur les horribles prouesses dont on avait l'imprudence de se vanter publiquement. Du Corbineau attendit avec un imperturbable sang-froid que cet accès de gaieté fût passé.

— Et qu'est-il résulté de tout ceci? demanda-t-il enfin.

— Ce qu'il en est résulté? un vacarme étourdissant. Ces bourzeois ne veulent pas absolument comprendre que leurs filles sont pour les zentilhommes, et leurs bourses pour les bons lurons... Celui-là a crié si haut qu'un lieutenant de robe courte a fait prendre mon secrétaire et mon valet de chambre, deux bons aigrefins, qui, dans leurs petits profits, ne me refusaient pas ma *part d'amirauté*... On les a envoyés ramer sur les galères du roi, comme s'ils eussent été valets de charlatan ou de vilain!

— C'est une perte pour vous, camarade, dit le capitaine avec une lugubre raillerie, ces drôles vous donnaient plus de revenu que tout votre patrimoine... vous avez plumé ensemble plus d'une poule! Mais avec le crédit que vous dites avoir, n'avez-vous rien fait pour sauver vos associés?

— Z'ai eu assez de mal à me sauver moi-même, reprit de Manle avec humeur, car depuis quelque temps on a de singulières façons d'azir avec la noblesse! Ce Defunctis surtout me pressait comme un beau diable... Mais z'avais pris mes précautions; si l'on ne m'avait pas relacé, z'aurais publiquement tout rezeté sur le petit Villenègre, ce qui n'eût pas été divertissant pour la famille... On s'est donc remué pour me tirer d'affaire. De mon côté z'ai graissé la patte à quelques-uns qui avaient l'air d'être mécants, et voilà ce que c'est d'être un habile homme; un sot y serait resté... Mais le pis de l'affaire, c'est qu'en sortant de prison z'ai rencontré le petit Villenègre qui m'a donné un coup d'épée dont z'ai gardé le lit pendant six mois... Quoiqu'il n'y ait pas de honte à cela, il me le paiera, le muguet, foi de zentilhomme!

Pour péroraison le conteur avala un grand gobelet d'hypocras brûlant dont l'hôte venait d'apporter un nouveau pot. Le capitaine dardait sur lui ses yeux farouches, comme s'il eût voulu sonder ce que son compagnon pouvait cacher de perversité sous cette enveloppe frivole.

— En résumé, dit-il enfin de sa voix rauque et lugubre, vous êtes aujourd'hui assez mal en point et le grand diable commence à danser dans votre escarcelle... C'est ce que je voulais savoir; vous êtes parfaitement disposé pour entendre ce que j'ai à vous dire.

IX

LE COMPLOT.

Il y avait dans les expressions du capitaine quelque chose qui parut sonner mal aux oreilles chatouilleuses du comte de Manle. Il se rejeta en arrière et prit un air de fierté blessée.

— A qui en avez-vous, mon cadet, s'écria-t-il, en me parlant du mauvais état de mes affaires? Voulez-vous insulter à mes malheurs? Il est bien vrai que ze n'ai pu empêcer la confiscation de mon beau comté de Manle, avec mes câteaux et mes terres, depuis cette damnée procédure... mais il m'est resté l'honneur, capitaine, et il n'est pas bien à vous, parce qu'on vous sait brave...

— Et l'on sait que vous l'êtes aussi, cavalier, interrompit son interlocuteur froidement. Je ne veux pas me faire de querelle avec vous en ce moment... Aussi, je vous accorderai, si vous y tenez, que vous avez perdu dans cette affaire non-seulement un comté, mais le plus beau duché de France et de Navarre... Enfin, continua-t-il plus bas, si je vous ai parlé du mauvais état de vos affaires, c'est que je voulais vous proposer de les rendre meilleures.

— A la bonne heure donc! reprit de Manle d'un ton radouci; vous avez vécu dans les camps, Corbineau, et vous ne connaissez pas les délicatesses de la bonne compagnie, de sorte que z'efface votre incivilité apparente... Mais, puisque vous avez quelque sose à me proposer, parlez bien vite; je souis entièrement votre serviteur.

— Ce que j'ai à vous dire ne doit pas être entendu de tant de gens, murmura le balafré; si vous voulez sortir un moment avec moi.

Sans attendre qu'il eut achevé, le comte se leva et dit en enfonçant son chapeau sur ses yeux:

— N'est-ce que cela, compagnon?... attendez, ze vais vous débarrasser de ces coquins!

Puis, s'adressant aux bourgeois qui le regardaient d'un air ébahi:

— Holà! pendards, sortez bien vite de céans et délivrez-nous de votre sotte présence! Z'ai à causer avec monsieur mon ami que voici... vos oreilles d'ânes sont trop longues pour que nous les souffrions si près de nous!

Les paisibles hôtes du cabaret se mirent sur la défensive en voyant l'insolent gentilhomme s'avancer vers eux. Les uns s'armèrent de bâtons, les autres d'escabelles; l'un d'eux lui demanda de quel droit il prétendait les chasser d'un endroit public où ils n'offensaient personne.

— Comment, scélérats, de la résistance! s'écria le comte en saisissant le chapeau de celui qui venait de parler et en le jetant par la fenêtre.

— Camarade! de Manle! criait le capitaine, laissez ces marauds! N'allez pas vous quereller pour une bagatelle... nous allons sortir, et...

Mais de Manle croyait de son honneur de ne pas revenir sur sa détermination; il reprit en soulevant son épée, sans toutefois la tirer du fourreau:

— Voyons, qu'on nous cède la place! allez attendre dans la rue.... Si vous êtes bien sazes, ze ferai oune partie de dés avec ceux de vous qui auront à perdre quelques pistoles, dès que z'aurai fini ma conférence avec le capitaine... ze vous le promets!

En même temps il poussait les bourgeois, qui reculaient peu à peu, intimidés par son air d'assurance. Quand ils eurent dépassé le seuil, il ferma brusquement la porte sur eux et il revint triomphant vers son ami. Alors seulement il remarqua le vieillard qui s'était tenu dans la partie la plus obscure de la salle pendant la scène précédente.

— Or ça, qui avons-nous encore ici? demanda le comte avec surprise... d'où diable sort ce barbon-là? Eh bien! bonhomme, n'avez-vous pas entendu ce que z'ai dit aux autres?

Il s'arrêta tout à coup, et, malgré son impudence, il se troubla. Il venait de reconnaître Nicolas Poliveau, pâle, faible, abattu, vieilli de vingt ans par une seule année de souffrance.

Le capitaine Corbineau, tout surpris du changement subit opéré dans son compagnon, allait en demander la cause, lorsque le malheureux marchand lui dit d'une voix pénétrante, en désignant le comte:

— Voyez-vous cet homme? c'est par lui que ma

fille a été perdue, que ma fortune a été pillée, que mon nom a été flétri; c'est par lui que je suis seul, isolé, pauvre, voué à l'infamie... Aussi méchant que vous soyez, ne vous associez pas à lui, car il est maudit; et cette association vous porterait malheur à tous deux !

En même temps, il se retourna lentement et il sortit. Les deux misérables étaient plus émus de cette apparition qu'il ne semblait le comporter la nature féroce de l'un, le cœur sec et endurci de l'autre. De Manle le premier recouvra tout son sang-froid.

— On m'avait bien dit, reprit-il en ricanant, que Poliveau s'était retiré dans l'enclos du Temple; mais, sur ma foi, je l'avais oublié! Qui diable eût pensé voir ce vieux corbeau perché si près de nous ?

— Je n'aime pas, dit le capitaine en fronçant le sourcil, que ces vieux corbeaux viennent croasser sur mon chemin... Cela n'est pas de bon augure, d'autant plus que l'affaire dont j'ai à vous entretenir touche un peu ce prophète de malheur....

— Lui ?... Poliveau ?

— Lui-même.... Parlons bas et allons au but. Un homme riche et puissant m'a fait venir pour me proposer un coup hardi qui demande adresse et sagacité. Moi, je ne sais jouer que de l'épée ou du poignard, d'où l'on m'a surnommé dans certains lieux le capitaine *coupe-jarret*... Vous êtes reconnu pour un habile homme, je veux vous associer à l'affaire. D'ailleurs, vous avez été blessé par le jeune marquis de Villenègre et vous désirez vous venger de lui; je vous offre l'occasion de lui rendre la monnaie de sa pièce et de gagner votre part de mille pistoles... Voulez-vous m'aider, oui ou non ?

Le comte de Manle ne se piquait pas, comme on a déjà pu en juger, d'une grande délicatesse de sentiment, cependant la brutale franchise de son compagnon ne parut pas cette fois encore entièrement de son goût. Il se caressa un moment le menton, comme s'il méditait une réponse convenable.

— Capitaine, dit-il enfin, ze fais état de vous comme d'un homme de couraze, et ze voudrais vous servir de toute mon âme, mais il s'azit de s'entendre... Ze sais que vous avez guerroyé avec honneur sous le feu roi, et que depuis lors êtes forcé de vivre de votre adresse à filer la carte, à piper un dé et à soutenir de votre bras un querelleur qui n'est pas sur ses armes... C'est fort bien, et il n'y a rien à redire. Moi aussi, avant même la confiscation de mon pauvre comté, z'étais souvent forcé d'aider un peu la fortune et de frayer avec les compagnons de la Matte, parmi lesquels je vous ai connu... Maintenant, qu'on vous ait surnommé ou non le capitaine Coupe-Jarret, cela m'importe peu.... ze prends les mots dans le bon sens, et z'aime à croire que, si vous êtes expert dans l'art de donner un coup d'épée ou de poignard, ce n'est qu'en duel, à armes courtoises.... Pour ce qui est de votre proposition, voici ce que z'ai à vous dire : quelques centaines de pistoles sont touzours bonnes à palper, et ze vous avouerai qu'en ce moment elles viendraient fort à propos dans ma poçette; les procureurs et les zeôliers du Châtelet m'ont mis à sec, et en perdant mes pauvres valets z'ai perdu mes meilleurs soutiens... D'un autre côté, Villenègre est un petit coquin à qui ze ne veux pas de bien; mais ze ne consentirais pas à me venzer de lui d'une manière que réprouverait l'honneur d'un zentilhomme.... S'il ne faut que lui zouer quelque bon tour, une zolie petite trahison que l'on pourrait

raconter dans la haute compagnie, faites foi que ze ne vous manquerai pas.

Le capitaine sourit d'une manière sinistre.

— Allons, soit, dit-il ; vous n'aurez, pour votre part, que ce qu'il y aura de plus propre dans la besogne : je m'arrangerai du reste, s'il y a lieu... Ensuite vous pourrez, suivant vos habitudes, conter l'aventure à votre guise, et chanter aussi haut qu'un coq, lorsque l'affaire sera baclée.

— Tope donc !... Eh bien ! cavalier, exposez-moi votre plan..., Quel est d'abord le bon trésorier qui doit compter les mille pistoles ?

— J'en ai déjà cinq cents dans mon escarcelle ; le reste viendra après le coup. Quant au trésorier, c'est le vieux duc de Villenègre, le père de notre galant.

— Corpo ! que me dites-vous là ? demanda de Manle avec surprise; quoi ! ce vieux seigneur podagre, maladif, et qui va mourir un de ces matins sans dire adieu à personne ?

— Eh bien ! précisément, parce qu'il va mourir, parce qu'il sait qu'aussitôt après sa mort, son fils contracterait une mésalliance honteuse pour la famille, il désire, de son vivant, empêcher ce malheur... Ce matin, comme je vous l'ai dit, il m'a mandé à l'hôtel Villenègre ; son valet de confiance, Mignon, un ancien ami à moi, qui se fait appeler aujourd'hui M. Lafleur et qui est aussi madré qu'homme du monde, lui avait parlé de moi comme d'un compagnon résolu ; on m'a donc conté de quoi il s'agissait.....
Le marquis est toujours amoureux fou de la belle drapière, qui, depuis la fameuse aventure où vous avez pris part, est enfermée au couvent de l'Ave-Maria, sous la protection du lieutenant de robe-courte Defunctis. Le jeune galant n'en dort plus : il rôde nuit et jour autour du couvent, dont l'entrée lui est rigoureusement défendue. On soupçonne cependant que la femme de Defunctis, une sotte bourgeoise qui, dit-on, mène son mari par le bout du nez, entretient le marquis dans ses espérances; elle lui donne fréquemment des nouvelles de la donzelle, car elle la voit tous les jours. Le père est indigné, mais les sermons n'y font rien ; le fils prétend qu'il a engagé sa parole de gentilhomme d'épouser la petite et qu'il l'épousera, malgré Dieu et diable.., La duchesse, la pauvre vieille, en a perdu le peu de raison qui lui restait ; elle est aujourd'hui dans un état complet d'imbécillité. Le bon seigneur, en parlant de cela, pleurait de rage, si bien que Mignon et moi nous avons cru un moment qu'il allait trépasser en notre présence... Enfin, cependant, il s'est calmé et il nous a dit qu'il s'en remettait à nous du soin d'empêcher que son nom ne reçût une pareille tache.

— Veramente ! interrompit de Manle, nous allons faire là une action magnifique et dont il sera parlé ! C'est de la vertu qu'on nous demande, et c'est aussi facile que sose ! on leur en donnera pour leur arzent... Mais hâtez-vous de me dire, capitaine, comment il faut s'y prendre pour sauver l'honneur de la noble maison des Villenègre.

— J'ai proposé le meilleur moyen, reprit Corbineau d'une voix sourde: c'était de mettre le feu au couvent pendant la nuit et de brûler tout ; mais cette idée n'a pas convenu... ces gens comme il faut ont toujours des scrupules d'abord, mais ensuite ils viennent aux bons partis comme les autres... Alors Mignon a proposé l'autre plan pour lequel on a besoin de vos services.

— Dites donc, ami Corbineau, fit de Manle en ho-

Vous reculez déjà, vous avez peur. — Page 32, col. 1re.

chant la tête avec embarras; si ce plan n'était pas plus doux que le premier, ze ne serais guère votre homme, voyez-vous; ze ne me soucierais pas d'être impliqué dans une affaire où il irait de la roue...

Le soudard lui lança un regard de colère et de mépris.

— Vous reculez déjà? vous avez peur.

— Ze ne recule pas, compagnon, et ze n'ai zamais connu la crainte, mais ze souis peu zaloux d'attirer à mes trousses ce diable décafné de Défunctis, qui m'a dézà serré de près... Si ze n'avais pas eu le bon esprit de mêler les affaires du petit Villenègre avec les miennes, de telle façon qu'on ne pouvait me condamner et l'absoudre, ze ne sais trop si l'on ne m'aurait pas fait un mauvais parti à cause de l'aventure de Poliveau!

— Ce Defunctis vous paraît donc bien redoutable? reprit le capitaine en souriant d'un air sombre et dédaigneux : où en seriez-vous donc, si, comme moi, vous étiez condamné depuis trois ans, à être pendu, et si, depuis trois ans, vous braviez dans Paris la poursuite de ses archers?

De Manle fit une grimace de mécontentement.

— Ze ne vous demande pas vos secrets, capitaine; mais ze dois vous rappeler qu'avant tout, ze ne veux avoir aucun nouveau démêlé avec la prévôté...

— Eh bien! on en passera par où vous voudrez, camarade, dit Cornibeau brusquement; que diable! les amis ne sont pas des Turcs!... Le plus dangereux est d'enlever cette sotte jeune fille et de la conduire quelque part... Je me chargerai de ce soin.

Quant à vous, vous n'aurez qu'à vous laisser diriger; vous ne courrez aucun risque, vous duperez le petit Villenègre en lui soufflant sa future, et vous gagnerez cinq cents pistoles. De plus, vous pourrez conter l'histoire comme vous l'entendrez, et corbleu! elle vous fera honneur.

— Voilà ce que ze veux, et vogue la galère! s'écria de Manle. Ami Corbineau, ze souis tout à vous... ze n'en demande pas davantage! Pourvu que l'aventure soit plaisante et gaillarde, ze souis content. Souffler adroitement sa maîtresse à ce petit fat de Villenègre et tirer des pistoles au père pour cela! mais c'est superbe! Il ne sera bruit que de moi à la cour... On voudra me voir, on vantera mon habileté, on me comblera d'honneurs, de pensions, et les plus grands seigneurs me demanderont mon amitié... Sur ma vie, brave capitaine, il faut que ze vous embrasse; vous faites ma fortune en m'embarquant dans cette affaire!

En même temps, il se leva, et, dans les transports de sa joie, transports auxquels les fumées de l'hypocras avaient sans doute quelque part, il embrassa l'affreux coupe-jarret, qui se prêta d'un air maussade à cette familiarité.

— Ah çà, reprit-t-il gaiement en revenant à sa place, quand commencerons-nous, Corbineau, mon ami?

— Cette nuit même.

— Et nous serons seuls?

— J'amènerai quelques vieux narquois de la cour des Miracles qui ne craignent ni ciel ni enfer.

De Manle se jeta sur l'or. —Page 33, col. 2.

— C'est fort bien; cependant j'eusse mieux aimé avoir pour auxiliaires des zentilshommes... Et comment comptez-vous pénétrer dans le couvent?

— Nous n'aurons pas à y pénétrer... nous trouverons la belle Drapière dans un autre endroit.

— Où donc, mon bon ami?

— Ici même, dans l'enclos du Temple... Allez, allez, le duc est bien informé; Mignon a semé l'or, et ils savent tout ce qui se passe... D'ailleurs, messire Defunctis, dont vous avez tant peur, veut excuser sa sévérité à l'égard du petit marquis et donne au vieux duc tous les renseignements nécessaires... Mais vous me faites songer, continua du Corbineau en se levant, que notre associé Mignon m'attend pour me donner ses dernières instructions... Ainsi donc, cavalier, nous pouvons compter sur vous?

— Ze vous appartiens de toute mon âme.

— Eh bien, c'est dit. Je vous quitte pour aller réunir nos gens et tout préparer... attendez-moi ici, ou plutôt non... ces allées et ces venues pourraient inspirer des soupçons... Tenez, continua-t-il en s'avançant vers la fenêtre, et en désignant la tour du Temple, au coup de dix heures, trouvez-vous au pied de cette tourelle qui regarde le palais du prieur... La lune se lève du côté opposé, et vous serez dans l'ombre... Si je ne puis venir, j'enverrai quelqu'un qui vous dira: *Au diable les nonnes;* vous répondrez: *Vive le Val-des-Ecoliers!* ce seront vos signes de reconnaissance mutuelle... Alors vous suivrez cet homme et vous ferez ce qu'il vous dira.

— C'est convenu. A dix heures, ze serai à mon poste.

— Ah çà, camarade, reprit le capitaine en ajustant sa lourde épée, j'espère que vous ne commettrez aucune imprudence... Soyez sobre; vous êtes assez disposé à boire outre mesure et déjà même vous me semblez avoir fêté le clairet plus qu'il ne conviendrait à nos desseins...

— Capitaine! dit le comte d'un air de fierté blessée.

— Prenez-y garde; mais pour activer votre zèle, il est juste que vous receviez les arrhes du marché... Tenez, continua le soudard, en déposant une poignée d'or sur la table, voici de quoi vous donner du courage... Et maintenant, adieu; n'oubliez pas l'heure et le mot de passe.

En même temps, il enfonça son chapeau sur ses yeux et sortit à pas précipités.

Resté seul, de Manle se jeta sur l'or et le plaça dans la bourse suspendue à sa ceinture, selon l'usage d'alors. Puis, s'avançant vers la fenêtre, il sembla calculer le temps qu'il lui restait jusqu'à l'heure du rendez-vous. Quoique le soleil eût disparu, il était encore grand jour.

— J'ai deux bonnes heures à moi et des pistoles dans ma bourse! murmura-t-il; il faut les employer.

Il courut vers la porte que son compagnon avait laissée ouverte, et il aperçut dans une salle voisine les bourgeois qu'il avait éconduits si cavalièrement.

— Holà! bonnes zens, s'écria-t-il; par ici! vous pouvez entrer, maintenant. Ze vous dois oune réparation, et ze vous offre de vous la donner aux dés, aux cartes, à tous les zeux qu'il vous plaira... par ici, tous! Z'ai de beaux écus d'or, et ze tiendrai tout ce qu'on voudra! Et toi, hôtelier du diable, du vin, de l'hypocras, du clairet, à ces bons drilles... ze paierai pour tous! Ze veux m'encanailler, mordieu! et apprendre à ces faquins à boire en zentilshommes!

Ceux qu'il interpellait ainsi ne lui montrèrent pas de rancune pour l'avanie qu'il leur avait faite en les chassant de la salle. Cinq minutes après, le comte, entouré d'une douzaine d'individus d'assez pauvre mine, jurait, sacrait et buvait avec eux.

X

L'ENTREVUE.

On s'explique sans peine comment Nicolas Poliveau s'était trouvé dans la triste nécessité de se réfugier au Temple. Le vol des dix mille écus qu'il avait empruntés avait accéléré sa ruine; d'ailleurs, en perdant sa fille, il avait perdu le principal élément de succès de son commerce. Rosette, par ses grâces et sa gentillesse, par son talent à attirer les pratiques, avait pu seule retarder la chute du marchand dont les affaires étaient dérangées depuis que des charges publiques avaient exclusivement absorbé son temps. Aussi, deux mois environ après la catastrophe de la rue de la Tixeranderie, le pauvre homme avait été obligé de faire banqueroute et de se retirer dans le quartier privilégié pour échapper aux peines infamantes alors infligées aux banqueroutiers.

Peut-être, s'il eût été abandonné à lui-même, n'eût-il pas eu la pensée de profiter de l'asile où se trouvaient réunis tant d'individus moins honnêtes que lui... Vieux, malade, déshonoré, séparé pour toujours d'une fille qu'il avait animée à l'adoration et dont la pensée même semblait lui être devenue odieuse, en proie aux railleries de ses égaux, à la haine de ses créanciers, il eût fléchi sous le poids de tant de maux; mais la pensée religieuse, profondément enracinée dans le cœur de la vieille bourgeoisie parisienne, l'avait soutenu, et de plus il avait conservé au milieu de ses douleurs un ami dont le zèle ne se démentit pas un seul instant. C'était Giles Poinselot, son premier apprenti. A peine rétabli de sa blessure, qui, heureusement, n'avait aucune gravité, le jeune homme avait fait des efforts inouïs pour relever les affaires de son maître; il avait montré en toutes circonstances l'énergie que le malheureux Poliveau n'avait plus. Renonçant à cette folle ambition de s'élever au-dessus de son état, maladie dominante des jeunes gens de sa condition, il était redevenu zélé, attentif, soigneux, et il avait cherché de tout son pouvoir à sauver le père de celle qu'il aimait. Lorsque la banqueroute parut inévitable, ce fut lui qui soutint le courage abattu du vieillard en lui rappelant ses devoirs de chrétien; ce fut lui qui l'entraîna presque de force dans l'enclos du Temple, et il ne cessa de lui prodiguer des secours et des consolations.

Aussi, Giles Poinselot semblait-il le seul lien qui rattachât encore le vieillard aux choses de la vie. Il s'était logé à côté de son maître, dont il se considérait toujours comme l'apprenti, et il employait ses journées à courir chez les créanciers de Poliveau, afin d'amener un concordat ou de faire rentrer les petites sommes nécessaires à l'entretien du vieillard. Il passait toutes ses soirées près de lui, l'occupant de lectures pieuses, évitant ce qui pouvait réveiller ses souvenirs, l'entretenant sans cesse de l'espoir de voir son nom réhabilité; enfin, il avait pour lui les soins, le dévouement du plus tendre fils pour son père.

Il n'était donc pas étonnant que Nicolas Poliveau eût reporté à son tour toutes ses affections sur son fidèle ami. D'ailleurs une autre raison encore devait le lui rendre cher.

Le bonhomme ne parlait jamais de sa fille; il avait expressément défendu à Giles et même à Guillaume, qui venait le voir quelquefois, de prononcer devant lui le nom de Rosette. Cependant il n'ignorait pas que Giles avait obtenu du lieutenant criminel et de l'abbesse du couvent où la Belle Drapière était enfermée, la permission d'aller voir quelquefois son ancienne maîtresse, à travers les grilles du parloir; et sans doute c'était là un grand sujet de consolation pour la pauvre recluse! Par une sorte d'instinct paternel, Nicolas devinait les jours où Giles était allé visiter sa fille maudite; et ces jours-là il étudiait le visage de l'apprenti comme pour y saisir un vague reflet de la joie ou de la douleur de Rosette. Il ne le questionnait pas directement; son orgueil et sa colère se fussent opposés à ce qu'il parût prendre le moindre intérêt au sort de l'enfant qu'il avait repoussée; mais il s'informait vaguement s'il allait bien, s'il y avait encore quelqu'un qui pût l'aimer sur terre, si le repentir pouvait toucher les cœurs endurcis, et quand Giles répondait d'une manière conforme à ses désirs, le pauvre homme pleurait, le pressait sur son cœur et portait à ses lèvres la main qui avait peut-être effleuré celle de sa fille.

De son côté, Giles Poinselot se prêtait admirablement aux sentiments secrets de son maître; jamais il n'eut l'air de voir où tendaient ces questions; il se gardait bien, dans ses réponses, de donner des détails qui eussent fait sentir qu'il en avait compris la portée. A la première parole trop claire le vieillard se fût emporté; une allusion maladroite eût réveillé des sentiments qu'il valait mieux laisser sommeiller. Une seule fois on avait osé rappeler énergiquement à Poliveau les souvenirs du passé: c'était le marquis de Villenègre. Il était venu, dans son désespoir, supplier l'ancien échevin de pardonner à sa fille innocente. Mais cette tentative inconsidérée avait exaspéré encore davantage le malheureux père; il avait accusé Villenègre d'être la cause de tous ses maux; il l'avait accablé d'injures et de reproches, et le jeune gentilhomme avait dû se retirer devant cette explosion de sentiments implacables.

Giles avait conjecturé, d'après cet essai malheureux, que les passions de son maître n'avaient pas eu encore assez de temps pour se calmer; il valait mieux attendre que de risquer de tout perdre par trop de précipitation. Cependant il ne désespérait pas d'amener bientôt une réconciliation entre le père et la fille; il calculait chaque jour en silence les changements que la réflexion et surtout le temps apportaient dans le cœur de Poliveau; il prévoyait déjà le moment où, malgré une sévère prohibition, il pourrait prononcer le nom de Rosette et obtenir son pardon.

Telle était la situation de l'infortuné père lorsqu'il fit la rencontre du comte de Maule à la *Taverne aux Bourgeois*. L'impudence de cet homme qui se faisait ainsi gloire de ses crimes avait mis en mouvement tout ce qui restait de sang chaud dans les veines du vieillard. En sortant du cabaret, il se mit à marcher au hasard dans les petits sentiers qui tournaient autour des habitations; le souvenir de ses malheurs récents avait été avivé par ce nouvel outrage et il courait comme un fou à travers l'enclos, lorsqu'on le tira doucement par son manteau.

Il se retourna et il aperçut Giles Poinselot qui le suivait depuis quelques instants.

La présence de Giles lui était toujours agréable depuis le commencement de ses malheurs, mais en ce moment, surtout, ses yeux s'arrêtèrent avec joie sur celui qu'il considérait comme son meilleur ami. D'ailleurs le jeune homme était vêtu avec plus de recherche qu'à l'ordinaire, signe certain qu'il avait fait le jour même une visite au couvent de l'Ave-Maria. Poliveau prit donc avec empressement le bras de Giles, et dit d'un air de satisfaction :

— Ah! c'est toi enfin, mon pauvre garçon; je désespérais de te voir : j'étais allé au-devant de toi jusqu'à la *Taverne-aux-Bourgeois...* mais tu m'as fait bien attendre aujourd'hui... et telle est ma faiblesse maintenant, que j'ai dû entrer dans ce cabaret pour me reposer un instant. Vrai Dieu! je me suis bien repenti de n'avoir pu résister à la fatigue, car j'ai rencontré dans cet endroit maudit un des hommes que je méprise et que je hais le plus au monde!...

— Et qui donc, bourgeois? demanda Poinselot avec inquiétude.

— Cet abominable affronteur de comte de Manle... il a eu l'audace de se vanter publiquement d'un crime pour lequel il aurait été pendu en place de Grève s'il y avait aujourd'hui autant de justice que du temps de M. de Sully !

L'apprenti parut un peu rassuré en entendant prononcer le nom du comte de Manle.

— Calmez-vous, maître, dit-il d'un ton distrait, celui dont vous parlez ne peut finir autrement que par la potence.

Ils se mirent en marche vers le modeste logement qu'ils occupaient dans l'enclos. Giles était rêveur et semblait chercher le moyen de faire à Poliveau un aveu embarrassant. Plusieurs fois il s'arrêta brusquement et il fut sur le point de parler, mais aussitôt il se remettait en marche en se taisant, comme si la réflexion eût changé sa détermination. Cette préoccupation devint si visible que le bonhomme finit par la remarquer.

— Qu'as-tu donc ce soir, Giles? Aurais-tu appris quelque nouveau malheur? mes créanciers se refuseraient-ils décidément à l'arrangement que tu leur proposes en mon nom?

— Ce n'est pas cela, maître, tout va pour le mieux dans vos affaires, et bientôt sans doute vous pourrez quitter l'asile du Temple, mais...

Il s'arrêta de nouveau, comme s'il n'eût su quel tour il devait prendre pour exprimer sa pensée. Par instinct le vieillard devina qu'il s'agissait de Rosette.

— As-tu quelque chose à m'apprendre? demanda-t-il en affectant la plus profonde indifférence.

L'apprenti s'arma de tout son courage.

— Eh bien, répondit-il tout d'une haleine, attendez-vous à trouver chez vous des personnes dont la vue... vous étonnera.

— Des étrangers chez moi?

Poinselot ne répondit pas.

— Et qui diable ce peut-il être, sinon quelque débiteur récalcitrant? Il ne suffit donc pas que j'aie fait l'abandon de tout ce que je possédais?..... A moins que quelque ancien ami,...... Mais je n'ai plus d'autre ami que toi !

— Eh bien, maître, s'il en est ainsi, reprit le jeune homme avec chaleur en pressant contre sa poitrine le bras de Poliveau, si réellement vous croyez me

devoir quelque reconnaissance pour mes faibles services, pour le zèle, le dévouement, l'affection que je vous ai montrés... je vous en prie par tout ce qu'il y a de plus sacré, promettez-moi d'être calme et raisonnable avec les personnes qui vous attendent en ce moment!

Le vieillard s'arrêta.

— Que signifie ceci, l'ami Giles, demanda-t-il, et que veux-tu me faire entendre?

— Eh bien! bourgeois, s'il faut le dire, répliqua l'apprenti timidement, il va être question de votre fille...

— Je n'ai pas de fille, je n'en ai plus! s'écria Poliveau avec véhémence et en frappant du pied; mais je te remercie de m'avoir prévenu; Giles, je ne rentre pas chez moi... je te prie d'aller annoncer à ces étrangers que je ne veux pas les voir.

En même temps il se retourna comme pour s'éloigner; l'apprenti le retint avec hardiesse.

— De grâce, bourgeois, dit-il d'une voix émue, ne faites pas cela si vous tenez au salut de votre âme et à l'approbation de votre conscience... peut-être vous repentiriez-vous toute votre vie d'avoir manqué cette entrevue... Écoutez, s'il faut l'avouer, c'est moi qui ai promis à ces visiteurs que vous consentiriez à les voir, c'est moi qui les ai introduits chez vous, c'est moi qui vous supplie de les entendre ! Ne me refusez pas le seul service que j'aie sollicité de votre bonté dans tout le cours de ma vie... Maître, pour votre repos, pour le mien, venez; je vous le demande avec instance, je vous en supplie...

Giles avait les mains jointes ; de grosses larmes roulaient sur ses joues. Sa voix pénétrante avait vivement attendri Poliveau qui peut-être au fond se sentait très-disposé à céder; cependant il parut réfléchir quelques instants.

— Eh bien, soit, dit-il enfin ; mais c'est à cause de toi, à cause de toi seul, mon bon Giles, que je consens à voir ces visiteurs : je ne puis rien refuser à l'ami qui m'est resté fidèle dans mon infortune. Oui, je recevrai ces étrangers ; j'aurai le courage de parler encore d'une misérable que...

La voix lui manqua et il baissa la tête pour cacher son émotion. Giles l'observait avec anxiété, le vieillard l'entraîna brusquement.

— Viens, viens, murmura-t-il, tu vas voir si j'ai besoin qu'on me recommande le calme et le sang-froid... Ces étrangers sont sans doute le lieutenant criminel et sa femme, et ils viennent intercéder pour celle que j'ai maudite,... tu entendras la réponse que je les chargerai de transmettre à cette coupable créature !

Peut-être Poliveau espérait-il que Poinselot lui ferait entendre s'il s'était trompé ou non dans sa prévision; mais le jeune homme ne dit rien, de crainte de lui fournir un motif de changer sa détermination.

Le maître et l'apprenti logeaient dans une vieille maison située à l'extrémité de l'enclos, à l'endroit à peu près où l'on a bâti plus tard la rotonde du Temple. Cette maison faisait partie d'un groupe de constructions occupées alors par ceux des réfugiés que leurs affaires n'obligeaient pas à fréquenter le quartier commercial et aristocratique, situé vers l'entrée principale. Le prix de location était fort modique de ce côté, et on y jouissait de plus d'air et de solitude que dans le reste de l'enclos. Un espèce de préau planté d'ormes entourait ces habitations ; par-dessus les murailles, qui, à l'est, terminaient l'enceinte privilégiée, on pouvait apercevoir les remparts de la ville et la cime des arbres des promenades publiques.

Le vieillard, malgré sa fatigue, malgré la répugnance qu'il avait manifestée pour l'entrevue demandée, marchait avec rapidité : il affectait, à mesure qu'il approchait de sa demeure, une fermeté qu'il n'avait pas, car une légère pâleur s'était répandue sur son visage, et Giles sentait le bras de son maître trembler sous le sien. Lorsqu'ils arrivèrent sur l'espèce de petite place qui s'étendait devant la maison, ils aperçurent un carrosse de louage stationnant près de la porte. Le cocher était descendu de son siège et causait à voix basse avec quelques personnages à tournure suspecte, parmi lesquels se trouvaient le capitaine balafré et un autre individu vêtu de noir qui semblait être un majordome de grande maison. A la vue des deux hommes, tous se turent et disparurent sous les arbres, qui projetaient une ombre épaisse aux approches du soir.

Ni Poliveau, ni Poinselot, ne remarquèrent ces inquiétantes circonstances. Ils atteignirent la maison et gravirent sans reprendre haleine l'escalier tortueux qui conduisait au second étage. Mais alors la résolution du vieillard sembla fléchir tout à coup. Il s'arrêta sur le palier, et, saisissant avec force la main de l'apprenti, il murmura d'une voix étouffée :

— Non, je n'entrerai pas... tu me trompes, Giles, je suis sûr que tu me prépares quelque trahison !

Mais Giles, sans répondre, poussa vivement la porte et entraîna Poliveau, presque malgré lui, dans l'intérieur de la chambre.

Deux femmes étaient debout au milieu de cette pièce étroite et sombre.

Autant qu'on pouvait en juger à la clarté crépusculaire qui se glissait par l'unique fenêtre, l'une était âgée de quarante à quarante-cinq ans ; vêtue comme les riches bourgeoises de cette époque, elle tenait à la main un de ces masques de velours noir que les femmes d'une certaine condition portaient toujours en ville ou en voyage. Ses traits étaient encore assez agréables, mais leur mobilité désignait un caractère léger et irascible, sans nuire toutefois à l'expression de bienveillance répandue sur sa physionomie.

L'autre était plus mince, plus élancée et beaucoup plus jeune en apparence que sa compagne. Elle portait le costume blanc des novices : un long voile enveloppait sa tête et cachait entièrement son visage. Elle s'appuyait sur son amie, comme si elle n'eût pu se soutenir sans aide.

En se trouvant tout à coup en présence de ces dames, immobiles et muettes, semblables à deux ombres dans l'obscurité de la chambre, Poliveau ressentit au cœur une commotion électrique. Il ne jeta qu'un regard, un seul, sur celle qui portait un voile, et toute son âme fut bouleversée. Il n'eut la force ni de s'incliner devant les visiteuses, ni de prononcer une parole de politesse ; il demeura à la place où Giles l'avait laissé, sans avancer ni reculer, frappé de stupeur.

De son côté, la dame voilée chancelait. Son haleine était bruyante, oppressée... Poinselot et l'autre étrangère se tenaient à l'écart, et leurs regards allaient du vieillard à la jeune novice avec anxiété. Il y avait dans ce silence de deux personnes, qui s'entrevoyaient à peine et qui cependant se connaissaient si bien, quelque chose de poignant dont eût été frappé le spectateur le plus indifférent.

Tout à coup un cri aigu, déchirant, un de ces cris que nulle langue ne pourrait reproduire, se fit entendre. En même temps la novice rejeta son voile et courut vers le vieillard, les bras ouverts, en disant :

— Mon père ! mon père ! c'est moi !

C'était en effet Rosette ; non plus la fraîche et rieuse jeune fille dont la gaieté et le gracieux babil attiraient les chalands dans la boutique de Poliveau. Une année de souffrance avait entièrement changé le caractère de sa beauté ; maintenant elle était frêle, mélancolique ; son visage était blanc comme les vêtements de religieuse qui l'enveloppaient.

Giles et la dame étrangère en entendant ce cri du cœur si plein de confiance, espérèrent que le vieillard ne saurait pas lui résister. En effet, Poliveau sembla d'abord vaincu par la nature ; il fit un mouvement comme pour embrasser la malheureuse enfant ; mais presque aussitôt il recula d'un pas et la repoussa en s'écriant d'une voix altérée :

— Que me veut cette femme ? Maudit soit celui qui m'a conduit dans ce piège ! Ne m'approche pas ! ne me touche pas ! tu me fais horreur !

Terrifiée par cette violence, la pauvre fille recula à son tour et se laissa tomber sur un siège à demi-morte.

Giles Poinselot et la compagne de Rosette avaient sans doute beaucoup compté sur l'effet irrésistible d'un premier moment ; en voyant le mauvais succès de cette tentative, une vive consternation se peignit sur leurs visages. L'apprenti courut à Poliveau qui faisait mine de vouloir quitter la chambre et le retint par le bras ; l'étrangère soutenait la jeune fille et s'écriait avec cet accent d'exaspération si éloquent chez une femme, lorsqu'une autre femme est victime d'une injustice :

— Sainte Marie, mère de Dieu ! sire Poliveau, que signifient cette obstination et cette brutalité ? N'est-il pas certain aujourd'hui que Rosette n'a pas commis les fautes que vous lui reprochez ? En vérité, maître, si cette rigueur est le résultat de votre probité si vantée, il serait à désirer que vous fussiez un peu moins honnête homme, car vous seriez meilleur père... Votre conduite est indigne ; oui, c'est moi qui vous le dis, votre conduite est odieuse, dénaturée...

Celle qui parlait avec tant d'assurance et de passion était l'épouse du lieutenant criminel à qui Poliveau avait autrefois confié sa fille. L'affection de la bonne dame pour Rosette depuis une année, lui faisait un devoir de défendre sa pupille. D'ailleurs, si elle était vraiment compatissante, elle était aussi verbeuse et irascible. On disait que plus d'une fois elle avait tenu tête au redoutable magistrat, son seigneur et maître. Exaspérée par l'accueil cruel que Poliveau faisait à Rosette, elle n'eût donc pas cessé de sitôt ses invectives si le vieillard ne l'eût interrompue en lui disant avec dignité :

— Epargnez-vous ces plaintes et ces reproches, mademoiselle (on ne donnait alors le titre de madame qu'aux épouses des gentilshommes ayant rang de chevalier) ; Dieu seul, qui nous jugera tous, peut s'établir juge entre cette créature déshonorée et moi... En lui conseillant cette folle démarche, on a espéré que le temps aurait effacé de ma mémoire le souvenir de ses fautes : on s'est trompé. Elle s'est trompée elle-même, si elle a cru qu'une année d'absence aurait épuisé ma colère.... Emmenez-la ; qu'elle oublie le chemin de ma demeure, et qu'il lui suffise de penser qu'elle n'en est pas chassée comme la première fois.

La fermeté de ces paroles, le calme avec lequel elles étaient prononcées, imposèrent à la protectrice de Rosette ; mais en ce moment la jeune fille se leva, essuya ses yeux rouges de larmes et dit avec douceur, mais avec une sorte de fierté :

— Mon père, la circonstance où nous nous trouvons est solennelle... si j'ai osé affronter votre colère imméritée, c'est que j'ai un devoir à remplir auprès de vous. C'est peut-être la dernière fois que je vous vois... vous ne pouvez refuser de m'entendre !

— Je refuse pourtant, répliqua l'échevin, en tournant la tête avec opiniâtreté... que peut-elle me dire que je ne sache déjà ?

— Maître, s'écria Giles d'un ton suppliant, par tout ce que vous avez de plus sacré ! écoutez votre fille...

— Sire Poliveau, ajouta la Defunctis, vous ne pouvez sans péché repousser sa prière.... Dieu vous punirait à la fin de votre aveuglement.

Le vieillard hésita.

— Eh bien ! j'y consens, à cause des amis qui le désirent, dit-il enfin en s'asseyant ; mais finissons vite de grâce ce pénible entretien.

Roselte resta debout devant lui ; pendant quelques secondes elle parut occupée à se calmer. Elle reprit enfin, avec l'accent d'une douceur angélique :

— Les prières des étrangers ont aujourd'hui plus de pouvoir sur mon père que les miennes... et cependant, continua-t-elle, en adressant à l'apprenti et à sa compagne un sourire plein de reconnaissance, soyez bénis l'un et l'autre pour la faveur précieuse que je dois à vos instances...

Elle s'interrompit encore ; elle continua après une pause :

— Mon père, bien que vous ayez abdiqué tous vos droits sur moi, je ne vous en dois pas moins compte de mes actions et de mes projets... Demain, je quitterai le monde et je prononcerai des vœux éternels dans le couvent des Bénédictines de l'Ave-Maria..... je viens, comme une fille respectueuse, vous demander votre approbation !

Malgré son parti pris de se défendre de toute émotion, Poliveau tressaillit et devint pâle.

— Elle quitte le monde ! elle se fait religieuse ! s'écria-t-il ; cela est-il possible ?...

— Oui, oui, cela n'est que trop vrai ! s'écria la Defunctis incapable de se taire plus longtemps ; on a reçu, ce soir même, les dispenses de noviciat que madame l'abbesse avait demandées à l'archevêché ; cette malheureuse enfant a voulu fixer à demain matin la cérémonie... Par pitié, sire Poliveau, usez de votre autorité pour l'empêcher de faire cette démarche inconsidérée ! La règle de ce couvent est si sévère ! On vit de racines et on couche sur la dure... On ne sort jamais du cloître une fois qu'on a prononcé ses vœux... Il faut rompre avec sa famille, avec ses amis !... De grâce, défendez-lui d'accomplir ce sacrifice ; elle s'en repentirait plus tard ! Personne encore, excepté madame l'abbesse et moi, ne connaît ce projet ; Rosette peut revenir sans honte sur sa détermination. Au couvent, on ignore encore pour quelle fête on pare l'église... Dites-lui cela, comme je le lui ai dit moi-même... Dites-lui aussi qu'elle peut encore trouver d'heureux jours dans le monde ; dites-lui....

— Je n'ai rien à dire, mademoiselle, interrompit le marchand, en faisant un visible effort sur lui-même ; puisque Dieu appelle à lui cette jeune fille, il ne faut pas la détourner de sa voie.

La femme du magistrat frappa du pied avec violence.

— Oh ! le lâche et barbare père ! s'écria-t-elle, au comble de l'indignation.

Rosette lui adressa un coup d'œil suppliant : elle reprit, avec le même son de voix pur et plaintif :

— Je vous remercie de votre condescendance, mon père, mais ce n'est pas tout encore... Au moment de me séparer à jamais du monde et de vous, je dois prendre Dieu à témoin de mon innocence au sujet des fautes que vous m'imputez.... je dois pousser encore une fois en votre présence ce cri que vous n'avez pas voulu entendre : Je ne suis pas coupable ! je ne suis pas coupable !

Rosette avait une main sur son cœur, l'autre était levée vers le ciel ; son geste, sa pose, ses longs vêtements blancs, son regard inspiré lui donnaient, dans la demi-teinte, une apparence surnaturelle. La conviction de Poliveau fut enfin ébranlée.

— Me serais-je trompé, mon Dieu ? s'écria-t-il avec une sorte de frayeur religieuse... serait-il possible qu'elle fût innocente ?

Rosette tomba à genoux.

— Oh ! vous vous êtes trompé, mon père ! s'écria-t-elle avec véhémence ; vous vous êtes trompé, je le jure !... Mais, vous ne me croirez plus ! vous ne pouvez plus me croire !... Dieu, pour me punir de mon orgueil et de ma frivolité d'autrefois, vous a envoyé cet aveuglement à l'égard de votre fille.... Eh bien ! mon père, je n'invoque plus mon innocence, je n'ose plus vous demander justice, puisque ce mot excite votre colère : je vous demande pardon et pitié.... Mon père, pour votre repos, pour le mien, ne souffrez pas que je meure avec votre inimitié.... Demain j'aurai quitté le monde et je vous aurai dit un éternel adieu ; ne souffrez pas que je me mêle aux saintes filles qui seront désormais mes compagnes, chargée de votre malédiction..... Rétractez-la, mon père, rétractez-la, je vous en prie, et si Dieu me refuse le bonheur de vous convaincre de mon innocence, dites-moi, du moins, que, coupable ou non, vous m'aimez encore !

Le vieillard voulut se raidir contre un sentiment plus fort que lui, mais les larmes jaillirent de ses yeux ; il ouvrit les bras sans prononcer une parole, et Rosette s'y précipita.

XI

COMBATS.

Le père et la fille se tinrent un moment embrassés ; Poinselot pleurait de joie à la vue de cette réconciliation inespérée ; la protectrice de Rosette levait les bras au ciel en murmurant :

— Enfin, cet homme se souvient qu'il est père !

Tout à coup Poliveau s'écria avec transport :

— Une lumière ! par pitié, une lumière !... que je voie ma fille, ma Rosette bien-aimée ! Il y a si longtemps que je n'ai vu ma fille !

L'apprenti s'empressa de déférer au désir de son maître ; il alluma une lampe qu'il posa sur la table.

— Serait-il vrai ? disait Rosette avec une explosion de tendresse, en se suspendant au cou du vieillard, est-il possible que vous m'aimiez encore ?

— Si je t'aime ? mon Dieu ! Eh ! ne t'ai-je pas toujours aimée lors même que ma colère était à son comble ? Écoute, la nuit je prononçais ton nom.... je t'appelais et puis je pleurais... Ces larmes, ma conscience me les reprochait comme une lâcheté, et cependant je trouvais une douceur ineffable à les répandre !... Mais, comme te voilà pâle et faible, ma pauvre enfant, toi que j'ai vue si fraîche et si rose !...

Comme tes yeux sont tristes! et cependant comme tu es belle!... plus belle que jamais peut-être... Pauvre petite, le fardeau de nos malheurs t'a donc aussi paru bien lourd?

— Oh! oui, oui, bien lourd, mon père! mais j'oublie mes chagrins passés, je suis heureuse! j'aurais acheté par le sacrifice de ma vie le moment qui vient de s'écouler, le moment où je vous ai vu m'ouvrir vos bras.... Maintenant il ne me reste plus rien à désirer sur la terre, sinon que Dieu vous rende le bonheur comme vous me l'avez rendu!

— Allons, allons, tout ira pour le mieux! interrompit la bonne Defunctis, d'un air résolu et en s'essuyant les yeux. Vous voici devenus raisonnables... ainsi donc, il n'est plus question de couvent, de vœux, de réclusion éternelle? A quoi vous servirait de vous être réconciliés, si vous deviez vous séparer pour toujours?

— J'obéirai aux ordres de mon père, quels qu'ils soient, dit Rosette en baissant les yeux.

Le vieillard prit un air grave et réfléchi.

— Je ne veux pas qu'il y ait rien de changé dans les projets de cette enfant, dit-il d'un ton austère; je ne sais pas exactement quels sentiments secrets l'ont poussée à se donner à Dieu.... j'ignore si ce n'est pas un devoir pour elle d'accomplir ce sacrifice... aussi, quoiqu'il doive me coûter de me séparer d'elle après l'avoir un instant retrouvée, je ne m'opposerai pas à ce qu'elle obéisse aux impulsions de sa conscience!

— Je vous comprends, mon père, répliqua la Belle Drapière avec mélancolie; vous m'avez pardonné, mais vous n'êtes pas sûr encore de mon innocence... vous pensez qu'à mes yeux, comme aux yeux du monde, les fautes que vous me reprochez peuvent avoir besoin d'une expiation.... Mon père, ma conscience est pure, mais vos désirs sont sacrés pour moi; demain je prononcerai mes vœux.... je trouverai la paix du cœur dans le cloître où je vais entrer, si je puis croire que par mon obéissance j'ai mérité mon pardon sans réserve.

Poliveau embrassa de nouveau sa fille, mais il n'ajouta rien pour la faire changer de résolution. La compagne de Rosette ne montra pas la même résignation :

— Mais c'est de la folie, cela! s'écria-t-elle; conçoit-on pareille inconséquence? Songez-y donc, sire Poliveau; on m'a dit que, grâce à votre digne apprenti, vos affaires étaient sur le point de s'arranger; vous aller quitter enfin ce vilain enclos du Temple et retourner à votre boutique. Alors votre fille vous sera plus nécessaire que jamais.... Ne secouez pas la tête, cette pauvre Rosette n'est coupable qu'à vos yeux, tout le monde l'aime, l'estime comme autrefois, et elle sera encore la bien-venue chez tous vos amis.... Pourquoi renoncer de gaieté de cœur au bonheur qui vous est réservé, si vous savez en profiter? Rosette, en prenant le parti extrême d'entrer en religion, écoutait seulement son désespoir de n'avoir pu fléchir votre colère; maintenant qu'elle y est parvenue, ses pensées ne doivent plus être les mêmes..... Si elle prononce des vœux inconsidérés, elle mourra bientôt de tristesse et de repentir.

— Que me dites-vous là? Elle, mourir?

— Mademoiselle! murmura Rosette avec angoisse.

— Oui, continua la bourgeoise sans l'écouter; elle en mourra, car, s'il faut l'avouer, je soupçonne qu'elle aime quelqu'un dont elle est aimée, et....

Poliveau fronça le sourcil.

— Mademoiselle, interrompit-il brusquement, peut-être le moment est-il mal choisi pour parler de semblables choses... il y a de l'imprudence à éveiller en moi des souvenirs... que je voudrais étouffer. Cependant, continua-t-il, si Rosette avait nourri dans son cœur quelque secret espoir qui l'empêcherait de se vouer à Dieu, elle est libre. Seulement....

— N'achevez pas, mon père, dit la jeune fille avec véhémence; ne prononcez plus de paroles de doute et de colère.... Le zèle de ma généreuse amie l'a entraînée trop loin; aucun sentiment humain n'est plus capable de me détourner du projet que vous avez approuvé; ma détermination est irrévocable.

Le bonhomme sourit tristement en écoutant cette assurance d'une séparation immédiate et éternelle; un doute secret subsistait encore au fond de son cœur; et tel était le pouvoir de la conscience sur cet homme inflexible qu'il sacrifiait à un soupçon vague ses plus tendres affections.

— Allons! dit l'épouse du magistrat en se levant, il ne me reste plus qu'un espoir, et je m'applaudis maintenant d'avoir mandé celui qui peut seul empêcher ces malheureux de commettre une grande faute.... Mais l'heure s'avance et il ne vient pas!

— De qui donc parlez-vous, mademoiselle? demanda le bonhomme avec inquiétude.

— D'une personne qui a su m'intéresser à ses chagrins, à ses remords, d'une personne dont je connais le noble caractère et les généreuses intentions. Elle devrait être ici : je lui ai écrit un billet pour l'avertir que nous devions nous trouver ce soir à l'enclos du Temple... mais je ne lui ai pas parlé de la fatale et subite détermination de Rosette. Oh! mon Dieu, s'il allait ne pas venir! Lui seul pourrait peut-être...

En ce moment, un bruit de pas précipités retentit dans l'escalier.

— Ah! le voici, enfin! s'écria la bourgeoise.

— Mais, de qui s'agit-il donc?

— Du marquis de Villenègre.

— Je ne le verrai pas! s'écria Poliveau en fureur; que vient faire ici cet indigne gentilhomme? veut-il encore troubler le bonheur de cette réconciliation entre une fille et son père?... Giles, empêche-le d'entrer... je ne le verrai pas....

Giles s'élança pour obéir à cet ordre, qui s'accordait si bien avec ses vœux secrets; mais, avant qu'il eût touché la porte, elle s'ouvrit brusquement et Villenègre entra.

— Qu'avez-vous fait? dit Rosette bas à sa compagne, en se cachant le visage dans ses mains; tout est perdu!

Villenègre était pâle et hors d'haleine; rien dans son extérieur ne rappelait plus le frivole gentilhomme que nous avons dépeint dans la première partie de cette histoire. Un amour sérieux et profond, un sincère désir de réparer ses imprudences passées, avaient prématurément mûri sa raison et donnaient à ses traits un caractère viril qu'ils n'avaient pas autrefois. La Defunctis s'élança au-devant de lui, et, le prenant par la main, elle l'introduisit dans la chambre en s'écriant :

— Arrivez donc, monsieur le marquis! et plaidez vous-même votre cause!... Ne vous effrayez pas du mauvais vouloir de ceux qui vous écoutent, et parlez avec cette chaleur, cet entraînement que vous avez lorsque vous me racontez vos chagrins.... Parlez, parlez vite, car vous venez bien tard!

— Mademoiselle, dit le jeune homme avec une gravité mélancolique, on peut pardonner à un fils d'avoir hésité à quitter le chevet de son père mourant.... Il fallait que le nom d'une femme qui m'est chère à tant de titres eût été prononcé pour que j'osasse me dérober un instant à des devoirs sacrés...

— Que me dites-vous? monsieur le duc votre père serait-il si mal?

— Depuis ce matin, il est tombé dans un état d'irritation et de fièvre qui présente le plus grand danger... on craint que d'un moment à l'autre....

— Vous l'entendez? s'écria la femme du magistrat en s'adressant à Poliveau; par pitié, ne précipitez rien.... Bientôt M. de Villenègre va être libre et maître de ses actions. Demain peut-être l'obstacle qui séparait ces deux jeunes gens n'existera plus....

— Mademoiselle! s'écria Poliveau avec impétuosité, c'est à votre considération seule que ce jeune homme, dont le nom me rappelle tous mes maux, doit d'être resté si longtemps dans ma demeure.... Cependant il doit comprendre combien sa présence m'est odieuse et il ne m'obligera pas à lui dire....

— Ne vous éloignez pas, monsieur le marquis, dit la bonne dame, qui avait vu le gentilhomme rougir à ce nouvel outrage; les malheurs de ce pauvre vieillard ont troublé sa raison et l'aveuglent sur ses plus chers intérêts.... Écoutez-moi: si vous ne parvenez en ce moment à vaincre l'obstination du père et de la fille, Rosette va s'ensevelir pour toujours dans un cloître... c'est demain matin qu'elle doit prononcer ses vœux au couvent de l'Ave-Maria.

Villenègre parut atterré par ce coup imprévu.

— Demain matin! s'écria-t-il; oh! cela ne sera pas!

— Et pourquoi non, monsieur? Qu'importe au marquis de Villenègre si la pauvre enfant qu'il a perdue aux yeux du monde, aux yeux de son père peut-être, cherche dans la religion un refuge contre les maux dont il est l'auteur?... Laissez, laissez en paix vos victimes, et ne venez pas troubler par votre odieuse présence nos derniers adieux!

Mais Villenègre resta immobile.

— Je vous ai déjà dit bien des fois, monsieur, reprit-il d'un ton calme, que vos accusations étaient injustes; je ne cesserai, de quelque injure que vous m'accabliez, de rendre hommage à la vérité. Vos droits sont grands sur votre fille, mais ils ne sont pas sans limites.... Par une témérité que je déplore de toute mon âme, j'ai détruit son repos, déchiré son cœur, terni sa réputation, vous ne pouvez me refuser la faculté de satisfaire à ma conscience et à mon honneur en accordant à Rosette la réparation qui lui est due. Si donc la fatale détermination dont parle mademoiselle Defunctis est vraie, je vous adjure de n'y pas donner suite.... Attendez que les impossibilités qui s'opposent à mes plus chères volontés soient aplanies, et, peut-être, continua-t-il d'une voix altérée, le délai que je demande sera-t-il bien court.

Ce langage digne et mesuré parut produire quelque impression sur Poliveau lui-même.

— Ces projets de mariage sont-ils donc sérieux? dit-il en attachant sur Henri un regard inquisiteur le marquis de Villenègre a-t-il réellement conçu la pensée de donner son nom, son rang, sa fortune à la fille d'un bourgeois banqueroutier, de poser un jour sur son front plébéien une couronne de duchesse? De pareils récits se trouvent dans les livres du temps passé; mais je pensais que, si un jeune gentilhomme de nos jours mettait en avant de tels projets, c'était seulement pour duper une pauvre famille, ou tromper une fillette trop vaine et trop ambitieuse!

— Et cependant, monsieur, s'écria Henri avec feu, je vous le jure, depuis le jour où ma légèreté funeste a compromis votre fille, je n'ai pas cessé de chercher les moyens de me réhabiliter noblement à vos yeux et aux siens... Malheureusement, dans l'accomplissement de ce qui était pour moi un devoir sacré, je me suis heurté à une volonté inflexible, celle de mon père... Ne me forcez pas à vous répéter qu'au moment où je vous parle, cette volonté n'est plus peut-être un empêchement pour moi!

Poliveau semblait chercher la trace d'un mensonge ou d'une arrière-pensée dans chacune de ces paroles. Quoique son examen fût tout à l'avantage du jeune homme, il reprit d'un ton de défiance:

— Monsieur de Villenègre, ou je me suis bien trompé sur le caractère des gentilshommes de notre temps, ou vous avez un autre motif, dont vous ne parlez pas, pour réclamer avec tant d'insistance...

— Je n'ai d'autre motif que mon amour pour cette charmante et malheureuse enfant! s'écria-t-il avec chaleur; je veux rendre un nouveau lustre à une famille honorable que j'ai vouée à la honte, effacer par mes soins, par mon dévouement, par mon affection, le souvenir de ma faute... Oh! ne m'enviez pas cette satisfaction, monsieur, et, par pitié, ne souffrez pas que votre fille prenne conseil de son désespoir!... Je me reprocherais toute ma vie d'avoir été la cause de ce malheur comme de tous les autres!

Le jeune homme s'arrêta, attendant son arrêt:

— Hein, qu'est-ce que je vous disais? murmura la Defunctis; aurez-vous le cœur de résister à de si belles choses!

Poliveau réfléchissait; tout à coup il se tourna vers Rosette et lui dit d'un ton étrange:

— Et vous, ma fille, que pensez-vous de la proposition de M. de Villenègre?

La Belle Drapière, sans répondre, s'enveloppa dans son voile blanc de novice.

— Je vous demande, reprit le vieillard, si vous seriez disposée à renoncer au couvent pour épouser l'homme à qui nous devons tous nos maux?

Rosette répliqua d'un ton bas et timide.

— Je me suis cruellement repentie, mon père, de n'avoir pas toujours suivi vos volontés... Vous êtes l'arbitre de mon sort... je vous obéirai aveuglément.

— Cela est fort bien, Rosette; mais supposez que je vous laisse entièrement libre de choisir entre Dieu et le marquis de Villenègre... qui choisirez-vous?

Tous les regards se tournèrent vers elle. Rosette semblait en proie à une affreuse torture mor... n fin elle souleva lentement sa tête et elle répondit d'une voix faible:

— Mon père, rien dans ce que je viens d'entendre ne doit changer la détermination que j'avais prise seule et que j'avais mûrie dans la solitude... Je remercie M. de Villenègre de ses intentions honorables; il était digne d'un gentilhomme de vouloir réparer par un mariage le tort causé à une jeune fille obscure, dont mieux que personne il connaissait l'innocence; mais, à son tour, c'est à lui, c'est dans le droit de ne pas accepter un sacrifice... La fille du bourgeois Poliveau, du marchand ruiné, qui a cherché un refuge dans l'enclos du Temple, celle enfin qu'en d'autres temps l'on a appelée la *Belle Drapière*, et que toute la noblesse a vue occupée à des travaux vulgaires derrière le comptoir d'une boutique, ne peut être marquise de Villenègre... elle se rend justice et elle s'explique aisément la résistance du duc

Pardonne-moi, ma fille. — Page 40, col. 1ʳᵉ.

de Villenègre, car une pareille union serait une mésalliance pour son fils... Non, monsieur le marquis,
continua-t-elle en s'animant à mesure qu'elle parlait,
je ne veux pas abuser d'un mouvement de générosité peut-être exagéré, d'une affection peut-être irré-
fléchie de la part d'un homme bien jeune encore et
sans expérience... D'ailleurs, je suis trop fière pour
entrer, malgré elle, dans une famille qui rougirait
de moi... La condition où je suis née est encore trop
élevée pour que j'accepte des humiliations dans une
condition supérieure... Enfin, s'il faut tout vous dire,
mon esprit se révolte à la pensée d'attendre, pour que
la réparation dont vous parlez soit possible, la mort
d'une personne...

Le marquis fit un mouvement de désespoir en murmurant :

— Mon Dieu! elle ne m'aime pas!

La Defunctis était stupéfaite. Poliveau, au contraire, semblait glorieux de cette réponse. Il courut
à sa fille et l'embrassa avec transport en s'écriant :

— Bien! bien! Rosette... maintenant, j'en suis
sûr, celle qui a pu rejeter avec tant de dignité et de
raison les propositions honorables d'un riche et brillant gentilhomme n'a pu encourager les démarches
d'un séducteur... Ce n'est donc plus à toi d'implorer
mon pardon, c'est à moi d'implorer le tien, moi qui
t'ai maudite et outragée, moi qui t'ai repoussée, livrée à la merci des étrangers! Pardonne-moi, ma
fille, et, dans le couvent où tu vas entrer, tu empor-
teras à jamais la tendresse de ton pauvre père!

Rosette, comme si l'effort qu'elle venait de faire eût

épuisé ses forces, était retombée dans un morne
abattement.

— Monsieur le marquis, reprit Poliveau, vous avez
entendu la décision de ma fille; je n'y ajouterai rien.
Je rends justice, à mon tour, à la générosité de vos
sentiments... je le reconnais, vous n'avez pas hésité
à proposer le seul remède possible aux maux dont
vous êtes la cause... Cette déclaration, de ma part,
doit satisfaire, je le pense, les exigences de votre
conscience et de votre honneur... Et maintenant,
monsieur de Villenègre, permettez-moi de vous le
rappeler : chaque moment qui s'écoule peut, d'après
votre propre aveu, être le dernier de votre père!

Le marquis tressaillit à ce souvenir; mais la résolution funeste et inattendue de Rosette l'occupait
trop profondément pour ne pas étouffer toute autre
pensée.

— Mademoiselle, dit-il d'un ton suppliant, de grâce,
ne me poussez pas au désespoir... laissez-moi espérer que vous reviendrez de ce fol enthousiasme...
ou du moins, si votre décision est irrévocable, qui
vous oblige à l'accomplir si tôt? Attendez quelques
jours encore... Pour vous, pour votre père, pour vos
amis, réfléchissez à ce que vous allez faire. Dieu pu-
nit aussi une démarche inconsidérée... ne fût-ce que
par le repentir!

Rosette pleurait derrière son voile, mais elle se
taisait.

— Ainsi donc, continua le jeune homme tristement,
je m'étais trompé sur vos sentiments, lorsque, par
dévouement pour moi, vous avez, dans une nuit fa-

Je crois que j'ai bu un coup de clairet. — Page 43, col. 2.

tale, bravé la colère de votre père, appelé sur votre tête son mépris et celui du monde? Cette générosité, qui a exalté ma reconnaissance, n'était donc pas autre chose qu'un sentiment de rigoureuse justice?

— Assez, monsieur, interrompit Poliveau avec autorité, le silence de Rosette doit vous suffire... Ma fille, par suite sans doute des chagrins qui l'ont accablée depuis une année, s'est sentie une vocation véritable pour le cloître, et...

— Je ne croirai pas cela! je ne croirai jamais cela! s'écria la Defunctis d'un ton irrité; oh! je n'ai pas peur de vous, maître Poliveau... j'en ai vu de plus terribles que vous, et ils ne m'ont pas effrayée; rien ne m'empêchera de vous dire votre fait... Vous sacrifiez votre fille à un vain point d'honneur, à je ne sais quel scrupule d'amour-propre; voilà la vérité. Vous voulez soutenir que Rosette a un goût bien décidé pour le couvent, mais je suis sûre du contraire, et l'abbesse de l'Ave-Maria, ma parente, m'assurait, ce soir même, que cette pauvre enfant se préparait de grands regrets pour l'avenir, si elle prenait le voile.... Elle a encore des idées trop mondaines, elle est trop attachée aux affections terrestres pour être une bonne religieuse; elle n'en conviendra pas, mais elle sait bien que je ne me suis pas trompée sur ses goûts secrets... Si donc elle persiste dans son projet, c'est qu'elle craint votre colère; elle est convaincue qu'elle n'obtiendra votre pardon complet qu'au prix de son obéissance. Refuser sa main à un jeune gentilhomme beau, riche, de grande naissance, ce

n'est qu'une sottise; mais l'obliger, elle, pour conserver votre affection, dont elle a toujours été digne, à renoncer au monde, à se vouer pour la vie aux austérités d'un couvent rigide, voilà ce que je ne saurais souffrir, et, je vous le dis tout net, vous êtes un mauvais père!

Cette vigoureuse apostrophe, loin d'irriter Poliveau, parut le faire rentrer en lui-même. Les reproches de sa conscience avaient peut-être précédé ceux de l'irascible bourgeoise.

— Un mauvais père, moi! s'écria-t-il; Rosette, ma fille, aurais-tu conçu la même pensée?... Mais qui donc doit souffrir plus que moi de cette séparation cruelle? A qui doit-elle coûter plus de larmes? Je suis vieux, souffrant, épuisé, accablé sous le poids de la honte, menacé par la pauvreté, et je vais me retrouver seul au milieu de tant de maux... De toute ma famille, il ne m'est restée qu'une enfant chérie, dont la vue m'eût donné courage, dont l'affection m'eût dédommagé de tout le reste, et je vais ne plus la revoir, à lui dire un éternel adieu!... Qui donc ose croire, si j'accepte ce sacrifice, que je n'en serai pas la première, la plus misérable victime?

Il s'arrêta suffoqué par les sanglots; il reprit après une pause:

— Eh bien! quoi qu'il doive arriver, personne ne pourra attacher à mon nom cette odieuse qualification de mauvais père... Il y a peut-être un autre moyen que le couvent pour rendre à Rosette l'estime des autres, la paix de son propre cœur... Ma fille, écoute-moi et pèse avec soin chacune de mes paroles : l'é-

clat fâcheux de la catastrophe qui a causé nos malheurs t'a donné dans le monde une position funeste...
Ton entrée dans un couvent eût fait taire la calomnie, effacé le scandale; mais, si telle ne devait pas
être ta pensée, il se présente une autre voie de re-
conquérir la considération et le respect du monde...
Cherche un mari, non plus dans une condition supérieure à la tienne, mais dans un rang égal au tien.
Sous sa garantie, tu affronteras avec courage le mauvais vouloir et la médisance... Pour moi, continua-t-il
en jetant un regard sur Giles Poinselot, je connais un
brave et loyal garçon qui n'a jamais douté de ton innocence. J'en suis sûr, il n'hésiterait pas à resserrer
les liens qui m'attachent déjà à lui?
— Oh! de toute mon âme! s'écria Giles en tressaillant.
Rosette voulut parler.
— Ecoute encore, ajouta Poliveau avec un accent
de bonté; avant de te prononcer, tu vas connaître
l'étendue des obligations que j'ai contractées depuis
un an envers mon ancien apprenti... Sans lui, ma
fille, sans son affection attentive et ses soins empressés, ton père, peut-être, n'existerait plus; c'est à son
zèle, à son dévouement, que je dois de te voir encore!
Je suis bien pauvre, Rosette, pour acquitter de semblables dettes de reconnaissance, et cependant, si tu
te rendais à mes prières, Giles ne me croirait pas
certainement en reste avec lui... Il t'aime depuis
longtemps, ma fille, non pas de cet amour turbulent
et fier de certains gentilshommes, mais de l'amour
simple et modeste, quoique profond, d'un homme de
cœur... Décide, mon enfant, tu es libre dans ton
choix...J'ajouterai seulement quelques considérations
capables de te toucher, puisqu'il s'agit de mon honneur : d'un moment à l'autre, mes affaires vont s'arranger; je pourrai reprendre mon commerce dans
notre ancienne maison de la rue de la Tixeranderie.
Je suis faible maintenant, sans énergie; mais je lais-
serais la maîtrise à un gendre qui ferait prospérer les
affaires comme autrefois; je reverrais la vieille enseigne de mes pères se balancer au-dessus de notre
porte, et ce serait pour moi une bien douce consolation après tant de chagrins... Cet avenir possible,
ma fille, l'offrirait plus de chances de bonheur que
ces espérances orgueilleuses auxquelles je ne saurais
me livrer.

Soit embarras de répondre, soit incertitude véritable, la jeune fille parut hésiter. Giles l'observait avec
angoisse.

— Rosette, s'écria-t-il, ne vous opposez pas aux
vœux de votre digne père. Il exagère sans doute mes
faibles et impuissants services; mais je vous aime
du jour où je vous ai vue pour la première fois, quoique je n'aie jamais osé vous le dire comme les autres! Je faisais tout pour vous plaire... Si j'ai cherché, pendant un temps, à prendre les habitudes des
gentilshommes, c'était afin de flatter votre penchant
pour tout ce qui ressemble à la noblesse... Consentez
à devenir ma femme; je suis bien peu de chose, je
suis sans fortune, sans famille, sans naissance, mais
je travaillerai pour vous; il ne se passera pas un moment de ma vie que je ne l'emploie à assurer votre
bonheur... Je vous rendrai heureuse, je vous le promets, je vous le jure!

Rosette le regarda d'un air d'attendrissement profond :

— Je n'ignorais pas les services que vous nous
avez rendus, Giles, dit-elle avec un accent pénétré;
j'ai apprécié les excellentes qualités dont vous avez

donné tant de preuves, et bien des fois déjà votre
nom a été prononcé avec celui de mon père, dans
les ardentes prières que j'adressais à Dieu... Ainsi
donc, Giles, mon frère, mon ami d'enfance, ne don-
nez pas une interprétation fâcheuse à mes paroles...
Mon père vous l'a dit, un éclat funeste m'a déshonorée aux yeux du monde; je n'associerai jamais à
mon sort un homme honnête et généreux... il pourrait se repentir plus tard d'avoir accepté la moitié de
la réprobation qui pèse sur moi. Non, tout ce que je
vois, tout ce que j'entends me confirme encore dans
mon premier dessein; je ne puis plus appartenir au
monde, je me vouerai tout entière à Dieu... Il le
faut, c'est une nécessité que je dois subir; je la su-
birai, sinon sans quelque regret, du moins sans
plainte.

— Oh! ce n'est pas cela, Rosette, ce n'est pas cela!
s'écria le pauvre Giles désespéré. Vous aimez mieux
vous ensevelir à jamais dans un couvent que de donner votre main à un malheureux... car vous le
haïssez!

La Belle Drapière tourna la tête pour cacher la
rougeur que ce reproche venait d'appeler sur son
front. Poliveau se leva :

— Vous l'avez entendu, dit-il aux assistants, Rosette a déclaré ses véritables sentiments... Il n'appartient plus à personne de chercher à combattre des
scrupules respectables.

Cependant Villenègre, à qui le dernier refus de
Rosette avait rendu quelques espérances, allait insister pour obtenir de la jeune fille une réponse plus
favorable à ses vœux; la Defunctis lui fit signe de se
taire.

— Décidément, tous ces gens-là ont perdu la tête!
dit-elle avec son franc-parler ordinaire; soyez calme,
monsieur le marquis, et ne les irritez pas davantage
en restant ici contre leur gré... Tout n'est pas fini
encore, continua-t-elle en baissant la voix et en le
tirant à l'écart; d'ici à demain, on peut susciter bien
des obstacles à ce projet... Je soupçonne que la petite nous trompe tous et se trompe elle-même; je lui
parlerai seule à seule. Confiez-vous à moi, monsieur
le marquis : vous le savez, je suis dans vos intérêts,
et quand ce ne serait que pour faire enrager M. Defunctis, mon honoré mari, qui va compter à votre
père tout ce qui se passe, la prise de voile n'aura pas
lieu... du moins de si tôt!

— Monsieur le marquis a-t-il encore quelques ordres à nous donner? demanda Poliveau avec une
politesse ironique.

— Il suffit, dit Villenègre d'un ton sombre en se
préparant à sortir, je viens quitter cette maison, dont
on me repousse, dont on me chasse... Mais je saurai
si la volonté de cette jeune demoiselle est libre, lorsqu'elle déclare en ma présence qu'elle veut entrer
en religion... Si je trouve ses sentiments conformes
aux miens, lors même que son père me chargerait de
malédictions, je jure qu'elle sera ma femme!

En prononçant ces paroles, il salua brusquement
et s'éloigna.

En sortant de la maison de Poliveau, le jeune
homme s'engagea dans l'inextricable dédale de ve-
nelles et de sentiers dont était remplie cette partie de
l'enclos. Les localités étaient peu familières au marquis, habitant aristocratique de la place Royale.
D'ailleurs, la nuit était entièrement close; le feuillage
des arbres interceptait les rayons de la lune qui se
levait à l'horizon. Aussi, encore bouleversé par la
scène violente dont il venait d'être un des principaux

acteurs, il ne tarda pas à s'égarer dans ce quartier désert, et il arriva à une sorte de place couverte de gazon, au centre de laquelle s'élevaient les donjons noirs, les flèches élancées de la tour du Temple. Cet édifice lui servit à s'orienter, et il allait se diriger vers la grande porte quand le bruit que faisait une personne près de lui, dans l'ombre, vint attirer son attention.

L'inconnu s'avançait lentement, d'un pas irrégulier et mal assuré, se parlant à lui-même et tout haut, suivant l'habitude des ivrognes. Le marquis s'arrêta et prêta l'oreille :

— Palsembleu ! disait-on avec impatience, ze ne trouverai donc pas cette satanée tour du Temple, où doit avoir lieu le rendez-vous ? Certainement quelque grand diable l'aura emportée pour me faire pièce pendant que ze gagnais l'arzent de ces bourzeois... Les maudits coquins ! ils n'avaient pas deux pistoles à eux six, et zen ai dépensé trois pour les grizer... Pouah ! Fi des vilains !... Mais où diable a-t-on caché cette cienne de tour du Temple ?

En ce moment l'ivrogne, dans lequel on a sans doute reconnu le comte de Manle, se trouvait au pied d'une masure qui, de ce côté, terminait la place ; il s'arrêta tout à coup et poussa un grand éclat de rire :

— Sur ma parole, z'ai la berlue ce soir ! reprit-il d'une voix entrecoupée ; ze cerce la tour du Temple et elle me crève les yeux, ze la touce de la main. (En effet, il promenait sa main le long des parois de la muraille en ruines dont nous avons parlé.) Allons, c'est fort bien, et les compagnons me trouveront au rendez-vous !... Par ma foi, voici de l'herbe qui me paraît fine et douce, ze vais me reposer...

Il s'assit, ou plutôt il se laissa tomber rudement sur l'herbe. Le marquis, en reconnaissant l'homme dont la fréquentation lui avait été si funeste, allait s'éloigner ; quelques mots qui arrivèrent encore jusqu'à lui le clouèrent à la même place.

— Oui, le petit Villenègre en enrazera de déplaisir, continuait de Manle, qui, sans s'en apercevoir, exprimait à haute voix ses réflexions secrètes. Voilà un coup de maître ! recevoir cinq cents pistoles du vieux duc pour souffler la Belle Drapière à ce pauvre marquis... Ah ! ah ! quelle excellente histoire !

Au nom de la Belle Drapière, Villenègre ne put se contenir ; il s'élança vers le misérable pour obtenir l'explication de ces paroles. De Manle, en le voyant, fit un effort infructueux pour se lever sur son séant :

— Ce doit être mon homme ! s'écria-t-il. Holà ! compagnon, est-ce vous qui venez de la part du capitaine Corbineau ?

Cette question donna au marquis la pensée de se faire passer pour le personnage que de Manle attendait. La substitution ne semblait pas difficile, eu égard à l'obscurité et à l'état d'ivresse du comte. Aussi Villenègre n'hésita pas.

— C'est moi, dit-il en déguisant sa voix et en s'enveloppant dans son manteau.

— Seigneur cavalier, reprit l'ivrogne qui cherchait toujours à se relever, je suis à vos ordres... Vous êtes exact ; vous deviez venir à dix heures sonnantes, il est dix heures... Au pied de la tour ; nous y sommes... Ah ! mais un moment ! le mot de passe donc ? Moi, ze dois vous dire : Au diable les nonnes ! et vous ?

— Au diable les nonnes ! répéta Villenègre machinalement.

— Tiens ! que ze souis simple ! s'écria de Manle en

éclatant de rire ; c'est précisément vous qui devez me dire : Au diable les nonnes, et moi ze dois vous répondre... Attend z donc, que dois-ze vous répondre ? Ah ! oui, z'y souis : je vous réponds : Et vive le Val-des-Ecoliers ! C'est cela, compagnon... Nous nous connaissons maintenant ; vous êtes celui que ze cerce et ze souis celui que vous cercez... Allons, conduisez-moi à l'endroit où nous attend le capitaine du Corbineau ; ze souis impatient de savoir à quoi l'on veut m'employer dans tout ceci. Ah çà, on a donc dézà enlevé la petite Rosette ? a-t-elle bien fait la méçante ? Ze la mettrai à la raison, mordieu ! vous verrez... Aidez-moi donc un peu à me relever, camarade ; en vérité, ze crois que z'ai bu un coup de clairet de trop avec ces coquins de bourzeois...

Villenègre, sombre et pensif, le regardait se tordre à ses pieds sans faire un mouvement pour le secourir.

— Maugrebleu ! reprit l'ivrogne, las de l'inutilité de ses efforts et restant tout à coup immobile, ze reconnais bien là un compagnon de ce damné Corbineau ! il n'est ni parleur ni obligeant.... Eh bien ! ma foi, cavalier, si tu veux que ze te souive, tu me donneras la main, car du diable si ze bouze de là sans aide ! On enlèvera la belle sans nous et on comptera les pistoles à un autre, voilà tout.... Moi, ze m'en vais dormir un peu en attendant que tu te décides... Dieu ! qu'il fait bon dormir !...

Et, pour prouver son assertion, de Manle bâilla, allongea le bras et s'endormit brusquement. Le marquis était comme frappé de la foudre.

— Que signifie cette horrible trame, pensait-il, on veut enlever Rosette, on lui a tendu un piège ! Oh !... mon Dieu ! empêchons cet effroyable malheur !

Laissant l'ivrogne ronfler sur l'herbe, il se mit à courir de toute sa force. Malgré l'obscurité de la nuit et la difficulté du chemin, il eut bientôt franchi la distance qui le séparait de la maison de Poliveau. Une lumière brillait encore à la fenêtre de la chambre occupée par le bonhomme ; cet incident parut de bon augure au jeune Villenègre. Il frappa rudement à la porte ; mais, sans prendre le temps de répondre à celui qui venait l'ouvrir, il s'élança dans l'escalier et gravit avec rapidité les deux étages.

Poliveau était assis sur un grand fauteuil, le visage dans ses mains, en proie à un violent accès de désespoir. Auprès de lui Giles, Poinselot, debout et les yeux pleins de larmes, semblait lui adresser des consolations. Tous les deux, en voyant tout à coup paraître le marquis, tressaillirent d'étonnement.

— Jeune homme, s'écria Poliveau avec indignation, osez-vous donc encore insulter au chagrin d'un père qui vient d'embrasser sa fille chérie pour la dernière fois ?

— Elle est donc partie ? demanda le marquis épouvanté.

— Et que vous importe à vous ? s'écria Giles impétueusement, en s'avançant vers lui ; nous sommes tous las de votre obstination à poursuivre Rosette, et je vous déclare....

— Il ne s'agit ni de vous ni de moi, interrompit Henri en frappant du pied, mais d'elle seule.... De grâce ! dites-moi, est-elle partie depuis longtemps ? Qui l'accompagnait ? Où allait-elle ?

Giles voulut répliquer avec vivacité, mais son maître, à qui la démarche mystérieuse du marquis faisait soupçonner un nouveau malheur, répondit d'une voix tremblante :

— Elle est partie, il y a quelques instants, pour retourner au couvent; elle était accompagnée de mademoiselle Defunctis, et elles sont montées dans un carrosse de louage qui les attendait à la porte. Mais puis-je savoir?...

— Vous saurez seulement, répondit Villenègre dans le plus grand trouble, qu'elle est peut-être déjà entre les mains d'hommes pervers, capables de tous les crimes... Il faut que ceux qui l'aiment volent à son secours;

— Miséricorde! serait-il possible?

— Expliquez-vous, monsieur...

— Je n'en ai pas le temps... il n'y a pas une minute à perdre... Vous, monsieur l'apprenti, courez chez le lieutenant criminel Defunctis; dites lui de se faire suivre par tous les soldats qui sont à sa disposition et de battre le quartier aux environs du Temple... Ou plutôt, continua-t-il d'un air de réflexion, priez-le de se rendre au Val-des-Ecoliers... Ce nom doit avoir une signification!... Pour activer le zèle du magistrat, annoncez-lui que sa femme court un grand danger... Vous, monsieur Poliveau, priez Dieu pendant que nous allons chercher à sauver votre malheureuse enfant!

Il voulut s'éloigner.

— Monsieur le marquis, s'écria le vieillard au comble de la terreur, ayez pitié de la douleur d'un père! Que savez-vous au sujet de Rosette?

— Je sais qu'elle va être enlevée par un misérable aventurier... elle ne pourra plus appartenir ni à Dieu ni à moi, si nous ne l'arrachons des mains de ses ennemis!

En même temps il disparut, et on l'entendit descendre à pas précipités.

Au moment où il arrivait sur la place l'horloge, de la tour sonnait dix heures.

— Oh! mon Dieu! murmura-t-il, il sera trop tard.

Et il se dirigea de nouveau vers l'endroit où il avait laissé de Manle endormi.

XII

LE RAPT.

Les adieux du père et de la fille avaient été déchirants; Poliveau, avec ce stoïcisme qu'il puisait dans la fermeté naturelle de son caractère, dans ses idées particulières sur l'honneur et dans sa foi religieuse, avait d'abord paru impassible, quoiqu'il se séparât de Rosette avec la certitude de ne la revoir jamais; mais, après le départ de la jeune fille, son courage avait failli, et il mêlait ses larmes à celles de son fidèle apprenti, lorsque l'apparition subite de Villenègre était venue donner un nouveau cours à ses pensées.

Au moment où Rosette et sa compagne quittèrent la maison, la plus profonde obscurité régnait dans l'enclos du Temple. L'une baissa son voile et l'autre remit son masque, puis elles regagnèrent leur carrosse de louage qui stationnait à quelque distance sous les arbres du préau. Giles Poinselot avait voulu les accompagner jusqu'à la voiture pour les préserver de toute insulte; mais, à la porte de la maison, Rosette le supplia avec instance de remonter près de son père, dont elle avait deviné les angoisses secrètes. L'apprenti obéit, après avoir sollicité en pleurant la permission d'assister à la cérémonie de la prise de voile qui devait avoir lieu le lendemain matin au couvent de l'Ave-Maria.

A l'approche des dames, la lourde portière qui distinguait ces véhicules primitifs, auxquels on donna le nom de *fiacres*, fut rapidement abaissée, et une voix rauque les engagea à monter. L'ombre était épaisse, et elles ne purent distinguer l'individu qui les aidait à prendre place dans le carrosse; d'ailleurs, elles étaient vivement quoique diversement émues, et elles étaient incapables d'aucune réflexion sur ce qui leur arrivait. Aussitôt qu'elles furent assises, la portière se releva, un coup de sifflet retentit, et la lourde machine se mit en mouvement avec toute la vitesse des deux rosses étiques dont elle était attelée.

Si cependant les pauvres femmes avaient eu l'esprit plus tranquille, ou si la nuit avait été moins sombre, elles eussent pu remarquer sur le siège du cocher deux personnages suspects, qui cherchaient à cacher leurs traits en enfonçant leurs chapeaux sur leurs yeux, tandis qu'à l'arrière de la voiture, se tenaient, en guise de laquais, deux autres individus soigneusement enveloppés de leurs manteaux. Mais à une époque où l'éclairage public n'existait pas encore, il était naturel que les voitures ne fussent pas munies de lanternes; excepté quelques lumières qui se montraient de loin en loin devant les cabarets et les tavernes, rien ne pouvait donc trahir la présence de ces étrangers. Peut-être l'aspect insolite de cet équipage eût-il excité l'attention des gardes qui veillaient à l'entrée du Temple; mais, soit hasard, soit complicité, au moment où la voiture passa sous la voûte qui donnait accès dans l'enclos, les archers du grand-prieur dormaient dans leur corps de garde, et la grille était ouverte; le carrosse sortit donc sans encombre et roula bientôt sur la boue fétide des rues non pavées.

Ni l'une ni l'autre ne s'aperçurent d'abord que l'on ne prenait pas le chemin du couvent de l'Ave-Maria. Rosette pleurait silencieusement au fond du carrosse, et la Defunctis, par sympathie, ne tarda pas à sangloter comme elle. Cependant, ces témoignages de douleur n'affaiblissaient pas la colère de la bourgeoise contre le père et la fille.

— Oui, oui, pleurons comme des Madeleines, disait-elle avec un mélange singulier d'aigreur et de bonté, et vous verrez si ce déluge remédiera à quelque chose! Sur le salut de mon âme, je n'ai jamais vu de vieillard aussi têtu et aussi dur, de fille plus folle et plus exaltée... Eh! depuis quand donc, ma belle, avez-vous gagné cette rage de couvent?... C'est donc à vos yeux une bien douce chose que d'être religieuse et de passer sa vie derrière les barreaux de fer d'un cloître? Pour moi, je déclare que je ne pourrais vivre plus de trois jours sous les grilles, et je ne m'en suis jamais cachée à ma cousine l'abbesse!

— Mademoiselle! s'écria Rosette, souvenez-vous donc que le pardon et l'amour d'un père étaient à ce prix!

— Eh! que ferez-vous de l'un et de l'autre, lorsque vous aurez prononcé vos vœux et que vous ne pourrez plus voir ni votre père. ni personne? demanda la prosaïque Defunctis. Mais écoutez, petite, je vous confesserai une chose : je me suis mis dans la tête que vous ne serez pas religieuse, et vous ne le serez pas... J'aimerais mieux encore vous voir épouser ce pauvre diable d'apprenti, qui vraiment m'a fait pitié... J'espérais, ce soir, en vous conduisant chez votre père, que tout finirait bien ; mes projets ont manqué par votre obstination ; mais je ne me donne pas encore pour battue, je vous en avertis... Je vais demander un lit pour cette nuit à ma parente l'abbesse de l'Ave-Maria, car il est déjà tard pour rentrer chez moi. Nous causerons sérieusement encore une fois, et il faudra bien que vous changiez d'avis !

— Eh ! le puis-je, mademoiselle ? Pour le monde, pour moi, ne faut-il pas que ce sacrifice s'accomplisse ? Oh ! de grâce, cessez de lutter contre mon inexorable destin ! Vous avez déjà fait assez, trop peut-être, pour une pauvre créature qui s'abandonne elle-même... Que vous importe son bonheur, lorsqu'elle-même en désespère ?

— Cela m'importe beaucoup, repartit impétueusement la bourgeoise. Écoutez, mignonne, continua-t-elle d'un ton confidentiel et affectueux, je vous aime et je ne voudrais pas vous voir malheureuse, parce que, depuis une année, je suis presque une mère pour vous ; puis, j'ai encore d'autres raisons pour m'opposer de tout mon pouvoir au coup de tête que vous méditez... D'abord, je veux du bien au jeune M. de Villenègre, qui, ne pouvant vous voir lui-même au couvent, vient chaque jour me parler de vous ; ensuite je sais que votre résolution causera le plus grand plaisir à des personnes que je ne serais pas fâchée de chagriner un peu...

— Et à qui donc, bon Dieu ?

— D'abord à mon mari, M. le lieutenant criminel, avec qui j'ai des querelles chaque jour... Vous saurez, ma toute belle, que M. Defunctis prétend en agir avec sa femme comme avec les soldats de la prévôté... Il veut se faire obéir partout et toujours... Je résiste de mon mieux et j'essaie d'agir à ma guise de temps en temps... Or, M. Defunctis cherche à faire sa cour au vieux duc de Villenègre, que je ne peux pas souffrir ; aussi je soupçonne qu'ils ont machiné quelque chose entre eux pour vous empêcher d'épouser jamais le marquis...

— Serait-il vrai ? s'écria Rosette avec étonnement.

Puis elle ajouta en soupirant :

— Qu'importe encore ! ils ne vont plus avoir rien à craindre de moi ! demain je ne leur porterai plus ombrage.

— Oui, dit la bourgeoise avec aigreur, et le vieux duc en sautera de joie, tout perclus qu'il est ; la duchesse, qui, m'a-t-on dit, est tombée en enfance, retrouvera sa raison du coup en apprenant cette nouvelle, et M. Defunctis deviendra plus important, plus insupportable que jamais... Je hais ces Villenègre, excepté le jeune marquis, toutefois, et je veux vous en dire la raison, ma belle enfant ; vous jugerez si je suis fondée à les détester.

« Il y aura deux ans à la Saint-Jean prochaine qu'on donna un grand dîner où mon mari y fut invité. Depuis longtemps je désirais voir un dîner d'apparat chez des gens de qualité, et je fis si bien, que M. Defunctis consentit à m'emmener avec lui. Il mit sa robe et son rabat de cérémonies ; moi, je pris mon vertugadin de velours, mon bonnet de dentelles à *cornes*, mon collier de perles ; sur ma foi, on eût dit d'une véritable princesse. Mon mari monta sur sa mule et me prit en croupe, comme c'est l'usage, puis nous allâmes bon train à la place Royale. Les abords de l'hôtel Villenègre étaient encombrés de carrosses, la cour était remplie de pages et de laquais. Croiriez-vous que ces coquins, au moment où

nous nous arrêtâmes devant le montoir, commencèrent à gloser impertinemment sur nous et notre équipage, si bien que Defunctis fut sur le point d'envoyer chercher main-forte pour mettre cette canaille à la raison ?... L'un d'eux poussa même l'insolence jusqu'à dire tout haut qu'en descendant de la mule j'avais montré mes jarretières... ce qui était une calomnie, ma chère, quoique ces jarretières pussent très-bien être montrées, car elles étaient en taffetas couleur de feu, à franges d'argent, et elles m'avaient bien coûté deux écus tournois, à l'enseigne de *Sainte-Geneviève*, dans la rue Bourg-l'Abbé. »

Ici, la bourgeoise irascible fut obligée de s'arrêter, l'haleine lui manquait. Rosette, qui était retombée dans sa rêverie, répondit par une interjection banale.

— Vous sentez bien, ma très-chère, que je savais trop le monde pour m'offenser des sots propos de cette valetaille ; ces pages et laquais sont incorrigibles, et le parlement a perdu son latin à vouloir réprimer leur insolence. M. Defunctis lui-même, tout lieutenant criminel qu'il est, n'en a pu venir à bout, et l'avanie qu'ils nous firent ce jour-là en est la preuve. Mais, comme on dit, tel maître, tel valet ; si je vous parle des insultes de ces manants, c'est pour mieux vous faire comprendre l'orgueil et l'arrogance de ceux qu'ils servent. Enfin, nous entrons dans l'hôtel au milieu des criailleries ; nous montons un large et superbe escalier... Vous pouvez croire que je me tenais bien droite et que je faisais la meilleure contenance possible... On ouvrit une porte à deux battants et on nous introduisit dans une grande salle ; il y avait tant de seigneurs et de dames couverts d'or et de diamants, que j'en fus éblouie ; la tête me tourna, et je ne sais vraiment pas comment je me tirai de ma révérence. A l'extrémité de la salle, étaient le duc et la duchesse, debout, raides comme des piquets ; ils nous firent à peine un signe de tête, lorsque nous les saluâmes avec toutes les formalités d'usage. Quant à moi, je commençais à réciter de mon mieux, à la maîtresse de la maison, un très-grand compliment que j'avais acheté (1) à un bel esprit de notre quartier (et qui, soit dit en passant, m'avait bien coûté un quart d'écu), lorsque cette précieuse m'interrompit tout à coup en me disant : « Allez, allez, ma chère, je vous fais grâce du reste ; vous n'êtes plus d'un âge où l'on a assez de mémoire pour réciter une leçon. » Et tous les freluquets et toutes les caillettes de rire autour de nous !... Mon mari devint rouge de honte ; moi, j'eus de la peine à ne pas sauter aux yeux de cette affronteuse ; mais j'ai bien reconnu plus tard que, pour faire une telle incivilité à une étrangère, il fallait qu'elle eût déjà la tête un peu à l'envers. Nous nous sauvâmes dans un coin au milieu des brocards... Mais ce ne fut pas la seule avanie que me fit éprouver l'orgueilleuse duchesse ; pendant le dîner, elle me désigna plusieurs fois en ricanant à plusieurs grandes dames de ses amies... Sans doute, elles s'amusaient beaucoup de la tournure et des manières d'une honnête bourgeoise qui s'était fourvoyée en si haute compagnie ! Comme si une bourgeoise ne valait pas...

Ici le babil de la Defunctis fut interrompu par Rosette. A la lueur passagère d'un fallot, elle venait de s'apercevoir que le carrosse s'enfonçait dans des rues écartées et solitaires.

_____

(1) Il y avait à cette époque des *marchands de compliments*.

—Mademoiselle, dit-elle avec timidité en soulevant le rideau de cuir qui servait à clore la voiture, car les carrosses d'alors n'avaient pas de vitres, certainement le cocher n'a pas p. is le chemin du couvent... nous sommes dans un endroit bien désert!

— N'ayez pas d'inquiétude, poulette, répondit la bourgeoise avec indifférence; sans doute ce chemin est plus court que l'autre... Mais pour en revenir à l'histoire de mes malencontres chez les Villenègre...

— Mademoiselle! reprit la jeune fille en frissonnant, avez-vous remarqué ces hommes qui occupent le derrière du ca. rosse?

— Ce sont sans doute des amis du cocher ou de pauvres diables qui profitent de l'occasion pour se faire transporter sans fatigue dans leur quartier... Ne vous effrayez donc pas comme cela de tout, petite; vous seriez indigne d'être la femme d'un cavalier aussi accompli que M. le marquis de Villenègre!

— Sa femme! répéta Rosette d'une voix étouffée; je ne le serai jamais, et vous le savez bien.

— Je ne le suis pas encore, dit l'obstinée bourgeoise en hochant la tête; mais, pour finir mon histoire en deux mots, le jour où je reçus de ce vieux benêt de duc et de cette vieille édentée de duchesse toutes sortes d'impolitesses, leur fils eut pour moi une attention délicate dont je lui saurai gré toute ma vie... Croiriez-vous qu'il poussa la complaisance jusqu'à me donner la main jusqu'à la porte du salon, lorsque nous nous retirâmes le soir?... et cela en présence de tous les railleurs!... ensuite il nous salua avec tant de grâce, que je l'aurais embrassé de bon cœur. Il faisait, je l'avoue, le même honneur aux autres dames; mais j'ai toujours pensé qu'il avait voulu, par cette galanterie, compenser le mauvais accueil du duc et de la duchesse... Quoi qu'il en soit, j'estime le fils autant que je hais le père et la mère, et je ne serais pas fâchée de faire enrager ces deux vieux avares. Ils crèveraient de dépit s'ils savaient que leur fils dût épouser une bourgeoise! Quant à mon mari, qui sert leurs orgueilleuses folies... mais il suffit; nos différends ne regardent que lui et moi... Pour vous, ma toute belle, pendant que nous sommes encore seules, je vous adresserai une dernière question, et je vous prie d'y répondre dans toute la sincérité de votre âme; me le promettez-vous?

— Je vous le promets, ma chère et généreuse bienfaitrice; n'avez-vous pas droit à toute ma confiance?

— C'est fort bien; mais il s'agit de vous, et maintenant que vous pouvez parler en liberté, vous ne me déguiserez pas la vérité... Ce cher petit marquis vous aime à l'adoration, à la folie; pour vous il a affronté la haine de sa famille, les reproches de ses amis; mais il me reste encore un point à éclaircir, quoique j'aie à cet égard certains soupçons équivalents à une certitude... Vous, mon enfant, l'aimez-vous?

Rosette garda le silence.

— Souvenez-vous que vous avez promis d'être sincère!

— Mademoiselle, reprit la Belle Drapière avec effort, à quoi servirait ma réponse, puisque mon sort est fixé?

— Elle servirait à prouver que vous tenez vos promesses... Répondez sans détours.

Ici un nouveau silence pendant lequel on n'entendit que le grondement des roues.

— Mademoiselle, reprit enfin Rosette; il m'eût été bien difficile de rester insensible à l'affection, au dé-

vouement dont M. de Villenègre m'a donné tant de preuves depuis la fatale nuit où mes chagrins ont commencé... si donc nos devoirs et la différence de nos conditions ne nous séparaient pas.

— Mais enfin, l'aimez-vous, oui ou non?

— Hélas! ne l'avez-vous pas deviné? murmura Rosette en se cachant le visage, comme si on eût pu voir sa rougeur malgré son voile et malgré l'obscurité.

En ce moment, la voiture s'arrêta tout à coup; les individus postés sur le siège mirent pied à terre, et les dames furent obligées de donner toute leur attention à ce qui se passait autour d'elles. Elles soulevèrent avec inquiétude les rideaux de cuir servant de portières; elles n'étaient pas à la porte du couvent de Rosette, mais dans un endroit qui leur parut d'abord entièrement inconnu.

C'était une espèce de carrefour vaste et découvert, bordé de murailles nues, au-dessus desquelles se montraient quelques arbres fruitiers. Le carrosse s'était arrêté devant un édifice gothique, surmonté d'un clocher élevé; à la lueur de la lune qui éclairait la partie supérieure du portail, on voyait des statues de pierre, des rosaces, des colonnettes et tous les ornements extérieurs d'une église remontant à une haute antiquité. Le plus profond silence régnait dans ce quartier: pas une fenêtre n'était éclairée; pas un passant attardé ne se glissait le long des rares maisons; excepté le groupe d'hommes sombres et mystérieux qui chuchotaient à quelques pas, on eût dit que cette partie de la ville était déserte.

— Où sommes-nous, bon Dieu! s'écria la bourgeoise; cet ivrogne de cocher se serait-il vraiment trompé de route?... Venez çà, vilain, reprit-elle en s'adressant au personnage enveloppé d'un grand manteau, qu'elle avait pris jusque-là pour le cocher véritable; ne vous avais-je pas bien dit que nous retournions au couvent de l'Ave Maria, dans la rue des Barrés?... Allons, reprenez votre place sur le siège et hâtez-vous de nous conduire à notre destination, ou je vous retiendrai quelque chose sur le prix convenu.

Mais, à son grand étonnement, le prétendu cocher ne bougea pas; il continuait d'écouter un autre individu qui semblait être le chef de l'expédition, et qui donnait des ordres à voix basse. Bientôt un des inconnus se détacha du groupe et disparut rapidement dans l'obscurité comme s'il allait remplir une mission pressée. Les autres se rapprochèrent de la voiture.

— Miséricorde! que veut-on faire de nous? s'écria Rosette avec angoisse; pourquoi nous a-t-on conduites ici?

— On ne peut avoir contre nous aucun mauvais dessein! reprit la Defunctis en élevant la voix; ces messieurs savent bien que je suis la femme du lieutenant criminel de robe courte... certes, ils joueraient gros jeu si...

— Paix! interrompit la voix rauque du prétendu cocher, qui n'était autre que le capitaine Corbineau, si vous poussez un cri pour donner l'alarme, vous êtes mortes...

Et il fit briller aux regards des pauvres femmes éperdues la lame d'un poignard. Elles se pressèrent l'une contre l'autre en tremblant.

— Je ne comprends rien à ce qui nous arrive, murmura la compagne de Rosette, j'ignore même où nous sommes.

— Que Dieu et tous les saints aient pitié de nous!

Je crains que nous ne soyons tombées dans un piège... cependant je ne sais pas qui aurait intérêt à nous faire du mal ! Quant à l'endroit où nous sommes, je crois reconnaître cette vieille église : c'est celle de Sainte-Catherine-du-Val-des-Ecoliers; je viens de voir tout à l'heure la statue du bon roi saint Louis qui domine le portail... c'était ma paroisse au temps où nous demeurions à quelques pas d'ici, dans la rue de la Tixeranderie.

— L'église de Sainte-Catherine! répéta la Defunctis d'un air de réflexion; attendez donc... il y a là quelque machination abominable! J'ai entendu dire bien des fois à mon mari que l'abbé du monastère de Sainte-Catherine-du-Val-des-Ecoliers était à la nomination des ducs de Villenègre... Cet abbé est ce que l'on appelle aujourd'hui un *confidentère* ou *custodinos* des seigneurs de cette famille, et par conséquent il doit être tout à leur dévotion...

— On a répandu des bruits fâcheux sur les prêtres qui habitent le couvent situé dans l'enclos, et l'abbé lui-même n'a pas bonne réputation ; mais qu'y a-t-il de commun entre ces religieux et nous?

— Oh! si je pouvais faire prévenir mon cher Barnabé du péril où se trouve sa malheureuse femme! dit la bourgeoise avec désespoir. Ces Villenègre sont capables de tout !...

L'homme qu'on avait envoyé en avant revint alors, et le carrosse se remit en marche lentement. Ce fut un nouveau sujet de réflexions pour les prisonnières; elles concevaient les craintes les plus sinistres. Mais la voiture s'arrêta encore une fois dès qu'elle eut tourné l'angle de l'église; la portière s'abattit, et on ordonna aux dames de descendre.

— Mais où nous conduisez-vous? demanda la Defunctis.

— Vous allez voir.

— Mais...

Avant qu'elle eût pu faire aucune objection, deux mains vigoureuses s'emparèrent d'elle et la déposèrent à terre. En sentant cette étreinte brutale, la pauvre femme poussa un cri perçant qui retentit au milieu du silence de la nuit. Corbineau leva son poignard sur elle pour l'obliger à se taire; Rosette éperdue tendit la main pour protéger son amie, dont elle croyait la vie en danger, mais la force lui manqua et elle tomba sans connaissance au fond de la voiture.

L'un des ravisseurs s'empara d'elle et les autres entraînèrent sa compagne : on frappa un coup léger à une porte latérale de l'église; elle s'ouvrit aussitôt, et lorsque toute la troupe fut entrée, elle se referma avec un bruit sourd qui se perdit dans les vastes cavités du noir édifice.

LE CUSTODINOS.

XIII.

L'intérieur de l'église avait, à cette heure de nuit, un aspect imposant et majestueux qui eût dû frapper de respect les profanateurs. La lueur vague de la lune pénétrant à travers les vitraux coloriés du rond-point, ne faisait que rendre les ténèbres visibles. Cependant à mesure que les regards s'habituaient à cette obscurité, on distinguait les arceaux aériens, les colonnes sveltes et hardies qui soutenaient la voûte gothique. Dans les bas-côtés, à travers des masses d'ombre, des statues de marbre se dressaient çà et là comme des spectres menaçants. La lumière d'une seule lampe tremblotait au fond du sanctuaire; de l'autre extrémité de la nef, on eût dit d'une étoile. Un air humide, encore imprégné des derniers parfums de l'encens brûlé dans la journée, circulait pesamment autour des arrivants et causait un frisson involontaire. Dans cet immense et sonore bâtiment, chaque pas, si léger qu'il fût, éveillait un écho; chaque mot prononcé à voix basse se prolongeait comme un gémissement.

L'individu qui portait Rosette inanimée la déposa sur un banc d'œuvre, auprès d'une chapelle latérale, et donna ordre d'un ton péremptoire à la Defunctis de secourir sa compagne. La bourgeoise, incapable de penser ou d'agir par elle-même, tant elle était bouleversée, obéit machinalement, et elle s'avança vers la jeune fille, que ses longs vêtements de novice faisaient apercevoir dans l'obscurité, comme une blanche apparition. L'inconnu rejoignit aussitôt ses compagnons qui chuchotaient à quelques pas.

— Le prêtre est-il prêt? demanda-t-il au personnage qui avait ouvert la porte, et dont l'obscurité empêchait de voir les traits; j'espère qu'il ne nous fera pas attendre; le duc ne lui pardonnerait pas!

— Monsieur l'abbé est déjà à la sacristie, répondit d'une voix nasillarde le mystérieux introducteur, fonctionnaire subalterne de l'église; il montera à l'autel dès que cela plaira à monsieur le duc.

— Il suffit. Allez lui dire de préparer l'acte, en laissant les noms en blanc, car sans doute le futur époux ne se soucie pas que l'on sache son véritable nom... Il l'ajoutera lui-même quand tout sera fini.

L'introducteur s'inclina, et l'on entendit le bruit de ses pas, sur les dalles, s'éloigner peu à peu.

Il nous manque encore le fiancé, reprit d'un ton d'humeur celui qui venait de parler et qui n'était autre que Mignon, le valet de confiance du duc de Villenègre; êtes-vous bien sûr, capitaine, qu'il va venir?

— Ventrebleu! si j'en suis sûr! répondit Corbineau; le compagnon ne se fait pas attendre lorsqu'il s'agit de gagner des pistoles ou de courir ce qu'il appelle des aventures de gentilhomme... Je lui ai envoyé un de mes amis au rendez-vous convenu... Que la peste m'étouffe si je comprends pourquoi ils ne sont pas encore ici!

Ces paroles, prononcées d'une voix rauque et caverneuse, entremêlées d'imprécations, éveillèrent d'une façon lugubre les échos de l'église. Le valet de chambre reprit en tressaillant :

— Ne jurez pas, capitaine, je vous crois sans cela... En attendant l'arrivée du comte de Munle, ne pourriez-vous dire en deux mots à ces femmes de quoi il s'agit? Vous le savez, je ne dois pas paraître dans tout ceci, de peur de compromettre celui qui m'emploie...

— Soit, je vais leur expliquer l'affaire le plus galamment possible, répondit Corbineau avec un rire sinistre.

En ce moment, Rosette commençait à reprendre ses sens ; se soulevant péniblement dans les bras de sa compagne, elle s'effrayait du silence et de l'obscurité qui régnaient autour d'elle.

— Eh bien, ma petite mère, dit brusquement le soudard en se plaçant devant elle, ça va-t-il mieux? Si vous étiez ma femme, du diable si je souffrirais toutes ces pâmoisons-là!

— Où suis-je?... Qui me parle? demanda la pauvre enfant d'une voix faible.

C'est moi, vous me connaissez, maintenant. — Page 48, col. 2.

— Une amie est près de vous, murmura la bourgeoise; rappelez vos souvénirs...

— Que me veut-on? Pourquoi suis-je ici? répéta Rosette avec un reste d'égarement.

Corbineau se chargea de la réponse.

— Vous êtes dans une église, et l'on va vous marier... Allons, préparez-vous, ma belle Rosette, et dites à Dieu un mot de prière, si vous voulez assister saintement à la cérémonie. Votre fiancé est un peu en retard, mais il ne tardera pas à arriver... Je parierais, continua-t-il comme s'il se parlait à lui-même, que cet ivrogne a noyé sa mémoire dans un pot d'hypocras!

— Mon Dieu! tout ceci n'est-il pas un rêve? s'écria la pauvre fille avec un profond soupir.

— C'est toutefois un rêve fort joli, puisqu'il s'agit de mariage, reprit le soudard en ricanant; allons, soyez sage et ne criez plus... vous voyez bien qu'on ne vous veut pas de mal, triple diable!

Et il tourna sur ses talons comme pour s'éloigner; mais la Defunctis, un peu remise de sa première frayeur, le rappela et lui dit avec une certaine hardiesse:

— Un moment, monsieur l'inconnu... Je commence à comprendre ce que l'on veut de cette malheureuse jeune fille. Mais pourriez-vous me dire pourquoi l'on m'a amenée ici, moi, l'épouse du lieutenant criminel de robe courte?

— Parbleu! répliqua Corbineau d'un ton goguenard, parce que l'on ne pouvait pas faire autrement...

d'ailleurs, on a pensé qu'un témoin honorable ne gâterait rien à l'affaire.

— Prenez garde, mon mari nous vengera, s'il vous retrouve jamais...

— Le lieutenant criminel Defunctis n'a pas besoin d'un nouveau stimulant pour désirer beaucoup de prendre mort ou vif le capitaine Coupe-Jarret, s'il peut le prendre...

— Le capitaine Coupe-Jarret, répéta la bourgeoise en frissonnant; quoi! ce hardi aventurier dont on a mis la tête à prix...

— C'est moi... vous me connaissez maintenant, songez à ne pas m'irriter!

Ce nom, bien célèbre alors, rendit à la pauvre dame toutes ses terreurs. Cependant, rougissant de céder à des craintes personnelles lorsque sa compagne courait un si grand danger, elle reprit d'une voix mal assurée:

— Écoutez, monsieur le capitaine, je ne dirai rien à mon mari, et je ferai en sorte que vous ne soyez pas serré de trop près à l'avenir, si vous voulez être raisonnable... Je connais la personne qui vous emploie; je sais dans quel but on veut marier cette pauvre enfant, sans son aveu, à quelque misérable indigne d'elle... Eh bien, je puis vous l'affirmer, cette violence est inutile; dès demain Rosette Poliveau doit prendre le voile dans un couvent très-sévère, et par conséquent elle ne pourra plus épouser personne.

— Cela est-il bien vrai? demanda Corbineau avec surprise. Pourquoi diable, alors, nous donne-t-on mille pistoles?

Ils restaient mornes et silencieux. — Page 52, col. 1re.

— Ruses féminines ! murmura le valet de chambre qui s'était approché pour écouter ; on n'a rien dit de tout ceci à monseigneur... c'est là une invention de cette commère ! On veut gagner du temps, car demain il sera impossible de faire ce qui n'aura pas été fait aujourd'hui... Laissons dire ces femmes, capitaine, et exécutons les ordres que nous avons reçus.

— Mais on ne peut marier ainsi une jeune fille malgré elle ! s'écria la bourgeoise avec instance. On ne peut lui faire épouser sans le consentement de ses parents, sans l'assistance de ses amis, un homme qu'elle ne connaît pas, qu'elle n'a peut-être jamais vu ?

— Allons donc ! ne connaît-elle pas le comte de Manle ?

— Le comte de Manle ! celui qui a forcé la boutique de Poliveau ?

— Plutôt mourir ! s'écria Rosette avec force ; les plus affreuses tortures ne m'obligeront pas à dire « oui » au pied de l'autel.

— On se passera de votre consentement.

— Mais quel prêtre sacrilège osera sans mon aveu...

— Croyez-moi, mademoiselle, tout est prévu..... cette nuit même vous serez privée de votre liberté afin que vous n'en fassiez pas plus tard un mauvais usage... Sachez vous résigner à votre sort !

Rosette demeura anéantie. En ce moment on frappa deux coups à la porte latérale.

— Les voici enfin, dit Corbineau.

Deux hommes enveloppés dans leurs manteaux pénétrèrent dans l'église ; l'un d'eux avait une démarche chancelante et s'appuyait sur son compagnon

pour ne pas tomber ; on l'entendait trébucher dans l'ombre à chaque pas.

— Sang-dieu ! camarade, dit le capitaine Coupe-Jarret à celui qui semblait servir de guide, tu viens bien tard !

— Ce n'est pas ma faute, répondit le nouveau venu avec humeur ; ce cavalier est arrivé ivre mort au rendez-vous, et il a eu toutes les peines du monde à me donner le mot de passe... Je l'ai en quelque sorte porté jusqu'ici.

— C'est une calomnie, interrompit de Manle d'une voix étouffée ; ce cadet-là ment comme un faquin..... Z'ai toute ma raison, et ze marce comme un arquebusier du roi... Z'ai bu un verre d'hypocras avec les bourzeois... voilà tout.

— Allons, allons, il aura toujours assez de raison pour faire un mari comme un autre, répliqua Corbineau. Eh bien, frère, continua-t-il en s'adressant à de Manle êtes-vous prêt à épouser la personne en question ?

— Epouser ? répéta de Manle tout abasourdi.

— Eh ! n'avez-vous pas deviné que c'était là ce qu'on exigeait de vous ? Vous ne m'accuserez pas d'avoir manqué à nos conventions... Il n'y a aucun danger pour vous, et l'aventure doit vous paraître gaillarde... On vous donne cinq cents pistoles et la jolie Rosette Poliveau... Quel heureux coquin vous êtes !

Soit étonnement, soit ivresse, de Manle ne répondit pas.

— Eh bien, acceptez-vous ? demanda Corbineau impatient.

— Oui, oui, dit enfin l'aventurier d'un ton étrange; mais où est donc cette perle sans pareille, ajouta-t-il avec son jargon ordinaire, cette çarmante Rosette du bon Dieu ?

— Elle est là repliqua le capitaine en lui désignant les femmes; voyons, beau cavalier, faites-lui la cour pendant qu'on va avertir le prêtre de votre arrivée... Vous aurez besoin de toute votre galanterie, je vous en préviens, car la belle est farouche comme une tigresse.

— Nous allons voir! reprit de Manle d'un air de fatuité; ces tigresses-là s'apprivoisent facilement...

Il se dirigea en chancelant vers les dames, et il se mit à leur parler à voix basse; mais bientôt on jugea, au mouvement qui se faisait du côté de la sacristie, que la cérémonie ne tarderait pas à commencer.

Un mariage conclu dans des circonstances semblables, contre la volonté de l'une des parties contractantes et à la suite d'un rapt nocturne, semblerait, au siècle où nous vivons, une chose impossible ; mais à l'époque où se passe cette histoire, à cette époque où la loi était sans vigueur, où le caprice de quelques hommes haut placés prévalait sur les droits les plus légitimes, rien n'était plus facile que les actes de ce genre ; les mémoires du temps sont remplis d'exemples que nous pourrions citer. Un gentilhomme ruiné voulait-il épouser une riche héritière, il l'enlevait de force, il la conduisait dans un endroit où se trouvait un prêtre gagné à l'avance et on célébrait la cérémonie du mariage. Plus tard, si la malheureuse femme essayait de réclamer judiciairement contre ces violences, on prouvait, par des témoins subornés, par des pièces fausses ou extorquées, la légalité de l'union ; dans tous les cas, c'étaient des procès interminables dont le déshonneur rejaillissait sus les deux familles. *Ces mariages forcés*, comme on les appelait, devinrent si fréquents, l'excès en fut porté si loin, qu'en 1639, vingt ans après les événements dont nous nous occupons, une ordonnance royale dut les réprimer sous les peines les plus sévères.

Cette cérémonie, qui, dans nos idées modernes, serait seulement une vaine formalité dès qu'elle n'aurait pas été accomplie dans les conditions voulues, paraissait donc très-solennelle et très-redoutable à Rosette Poliveau et à la Defunctis. Il leur restait bien peu d'espoir que le prêtre, dont on allait employer le ministère pour ce sacrilège, tint compte des larmes et des protestations de la pauvre jeune fille, car nous l'avons déjà dit, l'abbé de Sainte-Catherine-du-Val-des-Ecoliers était entièrement sous la dépendance des ducs de Villenègre. A cette époque, les bénéfices ecclésiatiques étaient donnés à des seigneurs séculiers qui souvent les transmettaient à leurs héritiers. Pour desservir les chapelles, les églises, les prieurés, etc., qui composaient ces bénéfices, les seigneurs usufruitiers prenaient à gage de pauvres prêtres, appelés Confidentères ou Custodinos, et les pressuraient à merci afin d'augmenter leurs revenus. Or, telle était précisément la situation de l'abbé de Sainte-Catherine vis-à-vis du duc de Villenègre, et certes l'ecclésiastique capable d'avoir conclu un marché de ce genre devait être capable de tout, pour le rendre moins onéreux. D'ailleurs, les chanoines de Sainte-Catherine n'avaient pas alors un bon renom, puisque, peu de temps après, ils furent réformés par le cardinal de Larochefoucauld : on ne devait attendre d'eux ni secours ni pitié.

Rosette soupçonnait tout cela ; cependant, lorsque le prêtre sortit enfin de la sacristie, revêtu de ses habits sacerdotaux et précédé du bedeau, qui portait un cierge allumé, elle n'hésita pas à faire une tentative désespérée. Elle se leva brusquement et elle traversa l'église pour arriver jusqu'à lui. C'était un homme maigre, pâle, à cheveux plats, à figure ignoble, que ne rehaussait même pas le caractère sacré dont il était revêtu. Un air d'hypocrisie profonde était répandu sur son visage. Il tenait à la main un livre de liturgie et marmottait des prières.

Tous les assistants suivirent Rosette, les uns en ricanant, les autres en haussant les épaules d'un air de pitié. La jeune fille se mit sur le passage du prêtre; lorsqu'elle se trouva dans la petite sphère lumineuse que projetait le cierge du bedeau, elle dit à l'officiant avec respect, mais avec fermeté :

— Mon père, je vous prie d'excuser ma hardiesse; mais si l'on vous a persuadé que le mariage auquel vous allez prêter le secours de votre saint ministère pourrait se faire de mon libre aveu, on vous a trompé ; j'ai été amenée ici par surprise et par force... Prenez garde de commettre un sacrilège dont vous, moi et tous ceux qui sont ici présents nous devrions porter la peine... Je vous conjure donc, au nom du Christ, qui nous voit et nous entend, de me soustraire à ces intrigues criminelles! Demain je dois entrer en religion au couvent de l'Ave-Maria; j'appartiens déjà à Dieu... si vous prêtiez votre concours aux machinations ourdies contre une pauvre fille sans défense, vous auriez à en répondre, non-seulement devant la justice céleste; mais encore devant vos supérieurs ecclésiastiques sur la terre.

Le prêtre resta un moment muet et déconcerté par cette apostrophe, à laquelle sans doute il ne s'attendait pas; un signe du valet de confiance parut lui rendre quelque assurance.

— Ma fille, répondit-il d'une voix mielleuse et avec une humilité affectée, il ne m'appartient pas de m'opposer aux volontés de ceux qui sont placés au-dessus de moi; je n'ai aucun pouvoir temporel... je suis un faible instrument dont se servent les puissants de la terre, et je dois leur obéir en vertu de ce principe du saint Evangile qui dit : « Vous rendrez à César ce qui appartient à César. » D'ailleurs, vous êtes encore bien jeune pour juger de ce qui est juste et sage; peut-être n'êtes-vous pas en état d'apprécier sainement les hautes pensées de ceux qui disposent en ce moment de votre destinée... Sachez donc vous résigner et laissez le soin du reste à la Providence... Elle n'abandonne jamais ses enfants !

Il eût été facile à Rosette, malgré sa simplicité, de rétorquer cette étrange théologie qui subordonnait le sort des faibles aux caprices des grands ; mais, en achevant ces paroles, le prêtre se dirigea vers le chœur.

— Monsieur, ayez pitié de moi ! s'écria la jeune fille ; si vous saviez quelle douleur éprouvera mon malheureux père lorsqu'il apprendra cette horrible perfidie !... Pour vous, pour le repos de votre conscience en cette vie, pour le salut de votre âme dans l'autre, ne souffrez pas qu'on commette une action abominable !

Mais l'hypocrite continuait sa marche d'un pas rapide, en marmottant des paroles saintes qui souillaient ses lèvres impures.

— C'est une indignité, cela! s'écria la bonne Defunctis, ne pouvant plus commander à sa colère; et ce prêtre maudit, cet infâme custodinos...

— Silence ! interrrompit rudement le capitaine Corbineau.

La pauvre femme se tut aussitôt, terrifiée par cette

voix redoutable. On l'entraîna vers le maître-autel, où tout avait été préparé pour la cérémonie. Déjà Rosette y avait été portée presque de force par le comte de Manle, dont la gravité des circonstances semblait avoir dissipé subitement l'ivresse ; tous les deux, à genoux devant le prêtre, revêtu de son étole, attendaient la bénédiction nuptiale. Deux cierges répandaient une lueur faible et incertaine sur ce groupe principal, tandis que les ravisseurs et la bourgeoise elle-même, dévotement agenouillée sur une dalle du sanctuaire, restaient dans l'ombre.

La cérémonie commença. D'abord Rosette sanglotait, elle tournait fréquemment la tête comme pour protester par sa contenance contre la violence qui lui était faite ; mais bientôt de Manle lui adressa quelques mots à voix basse et elle tomba dans une espèce de stupeur.

Les assistants, témoins de son désespoir un instant auparavant, étaient surpris de ce calme, résultant peut-être de l'épuisement de ses forces. L'honnête bourgeoise, ne pouvant s'expliquer cette résignation, crut sérieusement que la Belle Drapière s'était amendée tout à coup, et avait réfléchi qu'un mari, même le comte de Manle, valait toujours mieux que le couvent.

Le prêtre adressait aux deux époux les questions d'usage, et de Manle venait de prononcer le *oui* sacramentel, lorsqu'on frappa rudement à la porte principale de l'église ; en même temps on cria d'une voix forte :

— Ouvrez, au nom du roi !

— C'est mon mari, accompagné des soldats du guet ! murmura la Defunctis en tressaillant ; Dieu n'a pas voulu que cet horrible sacrilège s'accomplît tout entier !

Le prêtre s'était arrêté.

— Ne faites pas un mouvement, ne prononcez pas une parole, mademoiselle, s'écria impérieusement le valet de chambre. Capitaine de Corbineau, chargez-vous de cette vieille folle et veillez à ce qu'elle ne donne pas l'alarme... Et vous, monsieur l'abbé, continua-t-il en s'adressant à l'ecclésiastique, continuez et hâtez-vous ; tout peut se terminer avant que les gens du roi pénètrent ici...

Corbineau vint se placer à côté de la pauvre Defunctis. Le prêtre se mit aussi en devoir d'obéir à l'ordre qui lui avait été donné ; mais tel était le bruit du dehors, tel était l'agitation des agents subalternes autour de Mignon, que l'on ne put entendre la réponse de Rosette. Le célébrant lui-même n'attachait pas sans doute grande importance à cette réponse, car, sans s'y arrêter, il récita précipitamment les formules ordinaires.

Enfin toutes les cérémonies d'usage étaient terminées ; l'anneau symbolique avait été passé au doigt de la fiancée, la bénédiction avait été donnée aux époux, et lorsque le dernier *amen* eut été prononcé par le bedeau, il ne manquait plus rien, suivant les idées du temps, pour que le mariage fût valable aux yeux de Dieu et à ceux des hommes. En voyant le prêtre descendre de l'autel, le valet de chambre s'écria d'un ton où perçait une vive satisfaction :

— Tous ceux qui sont ici présents sont témoins que Rosette Poliveau est bien et dûment mariée avec ce cavalier. Maintenant laissons la place à ces messieurs de la prévôté... Comte de Manle, vous pouvez emmener votre femme...

— Ouvrez ! cria une autre voix à la porte de l'église ; ouvrez ! c'est un père qui réclame son enfant !

— L'entendez-vous ? c'est mon père ! dit Rosette éperdue.

En ce moment l'église entière retentissait des coups que l'on frappait à la porte avec les hampes des hallebardes et les crosses des mousquets ; les agents du duc, dont plusieurs, comme Corbineau, avaient à craindre les investigations de la justice, commençaient à montrer quelque effroi. Mais le valet de chambre s'occupait à faire signer par les assistants et même par madame Defunctis l'acte de mariage préparé à l'avance par l'abbé de Sainte-Catherine.

Tout à coup la porte de la sacristie s'ouvrit : un homme tout essoufflé accourut vers la partie éclairée du chœur. Mignon reconnut aussitôt ce nouveau venu, qui portait la grande livrée de Villenègre.

— Qu'y a-t-il de nouveau, Comtois ? demanda-t-il avec étonnement.

— Le duc est expirant, reprit le messager ; le prêtre qui l'assiste à ses derniers moments, un digne homme à qui il a tout confessé, l'a décidé à changer ses projets !... Monseigneur m'envoie en toute hâte vous dire de ne rien faire et de laisser aller la jeune fille... Un carrosse est à la petite porte du couvent pour la conduire où elle voudra.

— Il est trop tard, dit l'homme de confiance d'un ton sombre, le mariage est conclu... Voici l'acte, continua-t-il en s'adressant au comte ; vous n'aurez plus qu'à remplir les blancs, à signer vous-même et à faire signer votre femme...

— Ze m'en sarge, répliqua de Manle avec une activité singulière, mais hâtons-nous de sortir... Defunctis et les zens du roi s'impatientent.

— Par ici ! dit l'abbé en désignant la sacristie, qui communiquait avec l'intérieur du couvent.

On courut en désordre de ce côté.

— Où me conduisez-vous, bon Dieu ? s'écria Rosette.

On ne répondit pas, et bientôt il n'y eut plus dans l'église que la Defunctis.

La bonne dame resta d'abord indécise sur le parti qu'elle devait prendre ; elle croyait toujours entendre à son oreille la voix formidable du capitaine Coupe-Jarret. Enfin, comme on continuait à frapper avec violence, elle alla ouvrir.

Des soldats se précipitèrent dans l'église, portant des torches qui répandaient autour d'eux une vive lumière. Defunctis, en robe, était à leur tête ; après lui venait le bonhomme Poliveau, tout pâle et hors d'haleine, soutenu par son fidèle apprenti. La bourgeoise, transportée, se jeta dans les bras de son mari.

— Mon cher Barnabé ! c'est donc toi ! s'écriait-elle. J'ai craint un moment de ne plus te revoir !

— Ma fille ! où est ma fille ? demandait Poliveau d'un air égaré.

— Mariée ! mariée de force... là... sous mes yeux !

— Et à qui donc ?

— Au comte de Manle... il l'a emmenée aussitôt après la cérémonie.

Le pauvre père tomba sans connaissance sur le pavé, en poussant un cri déchirant.

— Voilà donc où devait aboutir ma confiance dans le vieux duc de Villenègre ! dit le lieutenant criminel avec colère ; il m'a trompé indignement en me promettant que je n'emploierais que des moyens de persuasion et de douceur pour empêcher son fils de commettre une sottise.... Mais je me vengerai !... Allons, messieurs, continua-t-il avec vivacité, en s'adressant aux archers, poursuivons ces misérables. Ce carrosse de louage, qui stationnait à la porte et que nous avons reconnu pour appartenir à ces dames, nous a fait oublier qu'il y avait d'autres issues au couvent... Réparons le temps perdu.... A cheval donc, et au galop sur la trace des ravisseurs!... Vous, Giles Poinselot, placez votre maître dans le carrosse et reconduisez-le à l'enclos du Temple.... Quant à toi, ma chère....

— Oh! je ne te quitte plus! dit la bourgeoise en se suspendant au bras de son mari; avec toi, je n'ai rien à craindre, et je veux t'aider à retrouver cette pauvre Rosette.... Allons, messieurs, continua-t-elle avec autorité, en s'adressant aux archers, n'avez-vous pas entendu?... Mon mari vous ordonne de partir au galop!

XIV

LES DERNIÈRES ANGOISSES.

Le lendemain matin, à l'heure où la plupart des habitants de l'enclos du Temple dormaient encore, Poliveau et Giles Poinselot étaient assis tristement dans la chambre du bonhomme. Un rayon du soleil levant pénétrait à travers les vitraux garnis de plomb de la fenêtre et éclairait ce modeste réduit; mais ni le maître ni l'apprenti ne semblaient s'être aperçus que le jour avait succédé à l'obscurité. Une lampe fumeuse brûlait encore sur une table. Le lit était intact, car le marchand n'avait pris aucun repos pendant la cruelle nuit qui venait de s'écouler; ses vêtements étaient encore souillés de boue, ainsi que ceux du jeune homme. Les yeux rouges de larmes, le teint enflammé par l'inquiétude et l'insomnie, ils restaient mornes et silencieux, n'osant exprimer des consolations qu'ils savaient impuissantes, des espérances qu'ils n'avaient plus.

Cet accablement durait déjà depuis longtemps sans doute lorsqu'on frappa doucement à la porte.

— Oh! mon Dieu! serait-ce elle? s'écria le vieillard, en se levant avec une vivacité fébrile.

C'était la Defunctis. La pauvre femme avait eu sa part dans les fatigues et les terreurs de la nuit précédente; elle portait le même costume que la veille, et tout son extérieur trahissait un grand abattement. En la reconnaissant, le vieillard s'écria :

— Mademoiselle, m'apportez-vous des nouvelles? pouvez-vous me dire enfin ce qu'est devenue ma fille?

— Hélas! je ne sais rien.... Ne pouvant maîtriser mon inquiétude, je suis accourue ici... J'espérais que vous-même vous seriez parvenue à découvrir quelque chose....

— Ah! elle est perdue maintenant! elle est perdue à tout jamais!... Son ravisseur l'aura entraînée loin de Paris.... Je ne la reverrai plus!

— Ne vous désolez pas encore, maître Poliveau; les portes de la ville ont été fermées toute la nuit et aucune voiture n'a pu sortir.... Des ordres sont donnés pour que toutes celles qui sortiront dans la journée soient visitées soigneusement..... Mon mari n'a pas souvent du caractère, m'a fait acte d'autorité cette fois.... furieux d'avoir été la dupe de ce vieux sournois de Villenègre, il a pris des mesures sévères pour déjouer ses manœuvres... Il s'est transporté ce matin à l'hôtel de Villenègre et il dirige lui-même une enquête, quoique le duc soit, dit-on, à l'article de la mort... Je pense qu'il se rendra ici dès qu'i

aura obtenu quelques éclaircissements.... Espérons encore, sire Poliveau; on retrouvera votre fille, elle vous sera rendue!

— Oui, mais elle est la femme d'un scélérat, et sa vue me sera odieuse.... Oh! les lâches! ils n'ont pas même voulu que ma malheureuse enfant pût se parer d'un nom obscur mais honorable.... Ils lui ont donné pour mari un vil escroc, un infâme aventurier que je soupçonne de n'être pas même gentilhomme!... Et l'orgueilleux seigneur qui a conduit cette trame abominable est mourant, dites-vous? Eh bien! si la malédiction d'un père est capable de troubler ses derniers instants, puisse-t-il....

— Ne soyez pas trop sévère envers lui, maître Poliveau, interrompit la bourgeoise avec timidité; souvenez-vous que le vieux duc s'est repenti de ses méfaits.... Cédant aux instances de son confesseur, il a envoyé contre-ordre par un de ses laquais:... malheureusement il était trop tard!

— Mais son fils! mademoiselle, s'écria l'apprenti avec véhémence; son fils, où était-il donc tandis qu'on livrait ainsi à un misérable coquin celle pour qui il affichait de si beaux sentiments? Où s'est-il caché après nous avoir porté la première nouvelle du danger? Ne sommes-nous pas en droit de croire...

— Je ne souffrirai pas que vous attaquiez ce bon jeune homme, l'ami! s'écria la bourgeoise à son tour, avec aigreur; pestez à votre aise contre le duc et la duchesse, ses père et mère, je ne les aime pas plus que vous.... Mais ce cher marquis, voyez-vous, je jurerais par tous les saints du paradis qu'il n'a été pour rien dans cette affreuse machination! Il est vrai qu'on ne l'a pas aperçu de la nuit; mais qui sait? Peut-être la rétractation tardive du vieux duc est-elle due à ses sollicitations! Et d'ailleurs, j'en appelle à maître Poliveau, continua-t-elle en se tournant vers le vieillard : quels que fussent ses sentiments pour la pauvre Rosette, n'était-ce pas son devoir de rester près du lit d'agonie de son père?

— En effet, répondit Poliveau d'un ton austère; le malheur ne doit pas nous rendre injustes; ce jeune homme est la cause première de tous mes maux, mais je ne voudrais pas le charger d'un reproche qu'il n'aurait pas mérité.... Hier, il m'a paru sincère dans son affection pour ma fille, dans son désespoir en apprenant qu'elle avait été enlevée.... Il m'en coûterait de reconnaître aujourd'hui qu'il m'a trompé.

L'apprenti baissa la tête; il y eut un moment de silence.

— Sire Poliveau, reprit la Defunctis, doit-on conclure de tout ceci que vous comptez attaquer juridiquement la validité de ce mariage? Au dire de mon mari, vous auriez affaire à forte partie dans le cas où le duc recouvrerait la santé....

— Si je l'attaquerai! s'écria le marchand impétueusement. Voudriez-vous donc que je laissasse ma fille au pouvoir d'un scélérat? Oui, oui, j'engagerai un procès solennel, je redemanderai Rosette au parlement, au roi, s'il le faut.... Le rapt n'est-il pas positif? La violence a-t-elle seulement pris la peine de se déguiser, tant on se croyait sûr de l'impunité? N'y a-t-il pas des témoins de la résistance de cette malheureuse enfant, de ses efforts courageux pour se soustraire à une odieuse contrainte, des protestations qu'elle a dû élever au pied de l'autel, en présence de l'indigne époux qu'on lui imposait? A défaut des scélérats gagés, auteurs de l'enlèvement, n'y a-t-il pas, pour attester la fraude, le prêtre coupable qui a prêté son ministère, et vous-même, mademoiselle, vous, la femme d'un magistrat ?... Oui, j'y suis décidé ; le procès aura lieu. Puisque M. le lieutenant criminel va venir ici tout à l'heure, il recevra ma plainte et il faudra bien qu'il fasse son devoir !

La bonne dame hocha la tête en entendant l'ancien échevin exprimer sa volonté avec tant de fermeté.

— Agissez suivant votre confiance, maître Poliveau, reprit-elle ; et cependant, croyez-moi, ne précipitez rien... La justice est chère, au temps où nous vivons, et vous n'êtes plus riche ; d'ailleurs, elle est lente, et la réparation viendra, si elle vient, lorsque les droits acquis de l'indigne époux de Rosette tiendront la place des droits que vous lui refusez... Pour ce qui est des personnes dont vous comptez invoquer le témoignage, prenez garde d'être trompé dans votre espoir... D'abord les religieux du Val-des-Écoliers sont tout dévoués au duc de Villenègre ; or, lorsque les gens d'église, sauf le respect qui leur est dû, se mêlent d'être coquins, ils le sont vingt fois plus que les coquins de la cour des Miracles !... Pour moi, ajouta-t-elle avec quelque embarras, en vérité, je ne pourrais pas dire grand'chose ; ces événements sont restés dans ma mémoire comme le souvenir d'un affreux cauchemar, et j'aurais peine à affirmer que Rosette a répondu non lorsqu'on lui a demandé si elle prenait pour époux le comte de Manle...

Poliveau la regarda avec une expression de défiance.

— Eh quoi ! mademoiselle, la frayeur aurait-elle troublé vos sens à ce point ?

— J'aurais voulu vous voir côte à côte d'un assassin de profession comme le capitaine Coupe-Jarret... il me menaçait toujours d'un poignard long d'une aune ! Je vous assure, compère, qu'il y avait bien là de quoi troubler la vue et l'ouïe !

— Bourgeois, dit Giles Poinselot d'un air ironique, ne voyez-vous pas que mademoiselle Defunctis cherche à tirer son épingle du jeu, afin de ne pas mécontenter son mari, l'âme damnée des Villenègre ?

Cette accusation fit monter le rouge au visage de la dame.

— Tais-toi, l'ami, tais-toi ! s'écria-t-elle en se levant exaspérée ; apprends, méchant courtaud de boutique, que M. Defunctis, malgré toute sa puissance, ne m'a jamais effrayée... Mais, continua-t-elle d'un ton radouci, tu es un pauvre amoureux éconduit, et le chagrin te fait perdre la raison... Voyons, ne nous fâchons pas... et pour en revenir à ce que je vous disais, je vous avouerai, mes bons amis, que plus je réfléchis à la conduite de Rosette dans les derniers moments, plus elle me semble bizarre et inconcevable...

— Comment, mademoiselle, ma fille ne se serait-elle pas fait traîner de force à l'autel ? n'aurait-elle pas protesté énergiquement contre la violence ?

— Si vous appelez protester dire tout haut qu'on n'est pas libre dans ses volontés, sans doute elle a protesté, la pauvre petite... elle a même adressé à ce vilain papelard de custodinos des paroles fort touchantes et fort bien tournées ; mais ensuite, ma foi, elle s'est résignée assez facilement à son sort ; elle n'a plus ni crié ni pleuré, comme si on l'avait ensorcelée par quelque parole magique... En un mot, il serait fort possible que la petite eût fini par consentir à ce mariage, et si vous en attaquiez un jour la validité, elle se tournerait peut-être contre vous !

— Cela ne peut pas être ! s'écria Poliveau impétueusement ; Rosette n'a pu consentir à unir son sort à celui d'un vaurien tel que ce de Manle ! Si on lui

eût proposé pour mari un homme dont elle n'eût connu ni les vices ni la bassesse, j'aurais pu croire à un caprice subit, à quelque brusque variation féminine !... mais épouser volontairement ce voleur avoué qui avait dévalisé la boutique de son père, je trouve cette supposition absurde, incroyable, impossible !

— Écoutez, bonhomme, je vous ai déjà prévenu... Rosette, quoique vous en disiez, n'avait pas beaucoup de vocation pour le couvent !... Pour ma part, plutôt que de passer ma vie derrière les grilles de l'Ave-Maria, j'aurais consenti à épouser le capitaine Coupé-Jarret lui-même ; je ne connais rien de pis !...

Le vieillard réfléchit quelques instants d'un air farouche.

— Serait-il vrai ? reprit-il enfin ; cette malheureuse créature aurait-elle préféré cette monstrueuse union à la pieuse retraite qu'elle s'était d'abord choisie ? M'aurait-elle trompé ? ses larmes auraient-elles été menteuses ! mais si cela était, il faudrait la renier et la maudire, il faudrait...

— Silence, interrompit le Defunctis en se levant, un carrosse vient de s'arrêter devant la maison ; on monte ici... c'est sans doute mon mari, et nous allons avoir la clef de tous ces mystères...

Un grand bruit se faisait entendre en effet dans la maison, mais s'il annonçait l'arrivée de Defunctis, le lieutenant criminel de robe courte devait être bien accompagné, car on distinguait les voix d'un grand nombre de personnes qui causaient en montant l'escalier.

Ce tumulte subit dans cette modeste et solitaire habitation ne parut pas de bon augure à Poliveau. Son esprit, ébranlé par tant de secousses récentes, ne prévoyait que des malheurs.

Tout à coup un laquais, revêtu d'une éclatante mandille de livrée, parut dans la chambre. Il s'inclina devant le bonhomme, et dit avec l'apparence du plus profond respect :

— Le duc et la duchesse de Villenègre font demander à monsieur l'échevin de Poliveau la permission de se présenter devant lui.

Cette étrange annonce, jetée brusquement au milieu de préoccupations tristes, excita un vif étonnement.

— Que signifie cette cruelle plaisanterie ! s'écria enfin Poliveau. Le duc et la duchesse de Villenègre ici... dans cette pauvre maison ? Mais le duc est mourant, dit-on, et la duchesse...

— Attendez, maître Poliveau, interrompit la Defunctis en regardant fixement la laquais qui baissait les yeux ; je reconnais ce drôle... c'est celui-là même qui nous a enlevées la nuit dernière par les ordres de son maître ; c'est lui qui commandait...

— Le duc et la duchesse de Villenègre ! annonça Mignon à haute voix.

— Au même instant, le jeune Villenègre entra, donnant la main à une dame masquée et en apparence fort émue. Après eux venaient le lieutenant criminel Defunctis, en robe de palais, et un vieil ecclésiastique d'un aspect vénérable. Dans le fond, sur le palier de la chambre et jusque sur l'étroit escalier, on entrevoyait une douzaine de laquais et de pages revêtus de brillants costumes et gardant un silence respectueux.

Poliveau croyait être le jouet d'un rêve et restait immobile. Cependant il balbutia avec effort :

— Quoi ! c'est vous, monsieur le marquis ? on m'avait annoncé...

— Il n'y a plus d'autre duc de Villenègre que moi,

répondit le gentilhomme d'un air mélancolique : mon père n'est plus, et je viens exécuter ici ses dernières volontés en implorant votre pardon pour le mal qu'il a voulu vous faire...

Ce souvenir rendit au vieillard toute sa colère.

— Mon pardon ! s'écria-t-il ; mon pardon à celui qui m'a ravi ma fille !...

Son interlocuteur l'arrêta par un geste suppliant :

— Je le sais, dit-il avec douceur, je n'ai aucun droit de vous demander cette grâce ; je laisse donc ce soin à la duchesse de Villenègre... sa voix saura mieux que la mienne toucher à votre cœur !

Et il se retourna vers sa compagne dont la poitrine oppressée trahissait l'agitation intérieure.

— Il faut d'abord que j'obtienne mon propre pardon ! s'écria-t-elle en tombant aux genoux du vieillard.

Elle arracha vivement son masque, et on put reconnaître, dans la duchesse de Villenègre, la Belle Drapière, Rosette Poliveau.

Le premier mouvement du marchand fut de la relever et de la presser sur son cœur.

— Ma fille, mon enfant bien-aimée, tu m'es donc enfin rendue ! s'écria-t-il en fondant en larmes. Mais d'où viens-tu ? qu'as-tu fait ? que se passe-t-il, bon Dieu ?... je crains de perdre la raison ! Où est le misérable à qui on t'avait livrée ? Comment as-tu pu lui échapper ?...

Rosette, trop émue pour parler, désigna du doigt le nouveau duc de Villenègre.

— Rosette n'a pas d'autre époux que moi, reprit le jeune homme vivement, et nous venons vous prier d'approuver un mariage qui a déjà reçu la consécration de la religion.

— Serait-il possible ? je ne comprends pas... Mon Dieu, préservez-moi de devenir fou ! dit Poliveau avec égarement.

— Quelques mots suffiront pour vous expliquer ce mystère, reprit le duc en baissant la voix. Hier au soir, en vous quittant, je retournai à l'endroit où j'avais laissé de Manle ivre-mort et endormi, espérant obtenir de lui de nouveaux renseignements. Ce fut alors que je résolus de prendre sa place et de jouer son personnage ; la chose était facile ; je savais le mot de passe au moyen duquel de Manle devait se faire reconnaître de l'émissaire du capitaine Corbineau ; je savais le lieu et l'heure du rendez-vous... J'arrachai donc à l'ivrogne son chapeau, sa perruque et son manteau ; à la faveur de la nuit, et en imitant de mon mieux l'accent à la mode de certains courtisans, je pouvais, pendant quelques instants du moins, tromper les ravisseurs de Rosette... Tout a réussi ; l'émissaire m'a pris facilement pour celui qu'il venait chercher et m'a conduit à l'église de Sainte-Catherine. Là, j'ai eu besoin de redoubler d'efforts pour soutenir mon rôle ; mais, à ma honte peut-être, j'avais trop fréquenté autrefois ce comte de Manle pour ne pas connaître son jargon et ses manières... d'ailleurs l'obscurité, l'ivresse que je feignais, et sans doute aussi la préoccupation de nos ennemis me favorisaient ; je parvins à n'exciter aucun soupçon... Vous devinez le reste ; le mariage a eu lieu sans que personne sût qui j'étais, excepté Rosette, à qui je me nommai au pied de l'hôtel... Ma pensée était d'abord de la faire reconduire au couvent de l'Ave-Maria, jusqu'à ce que je pusse la réclamer comme ma femme ; mais, en apprenant que mon père avait des remords, je changeai de détermination, et profitant du carrosse préparé pour elle dans une autre intention, je

la conduisis à l'hôtel de Villenègre. Là, je révélai au confesseur de mon père, au respectable ecclésiastique que vous voyez ici, toute la vérité, je lui appris comment les manœuvres du duc de Villenègre pour renverser mes desseins secrets n'avaient fait qu'en hâter l'exécution. J'eus le bonheur de l'intéresser à notre sort... Sur-le-champ il alla trouver mon père, il lui représenta l'odieux de sa conduite, il le pressa de sanctionner notre union ; le moribond se laissa fléchir enfin... M. le lieutenant criminel et cet excellent prêtre pourront vous rendre témoignage de cette scène touchante à laquelle ils ont assisté... Vous le voyez, monsieur, c'est à vous maintenant de m'adopter pour votre fils, comme le duc de Villenègre en mourant a adopté Rosette pour sa fille... cette grâce, je vous la demande à mains jointes, je vous la demande à genoux !

— Dans mes bras, mon fils, et vous, ma fille, dans mes bras tous deux ! s'écria Poliveau en levant les yeux au ciel.

Ils se tinrent un instant embrassés. Pendant ce temps la Defunctis, qui s'était suspendue au bras de son mari, s'écriait d'une voix éclatante :

— Comment ? c'était vous, monsieur le marquis... monsieur le duc, veux-je dire, qui contrefaisiez si bien cet ivrogne d'aventurier ? Mais pourquoi ne s'est-il pas découvert à moi ? j'aurais eu bien plus de courage pour tenir tête à ce farouche brigand de Corbineau, ou à ce misérable hypocrite de custodinos...

Un main s'appuya doucement sur son bras.

— Ma fille, dit l'ecclésiastique à voix basse et d'un ton pénétrant, le jeune duc de Villenègre avait peut-être raison de craindre votre légèreté dans cette circonstance... J'en vois la preuve dans votre manque de charité à parler d'un prêtre coupable qui déshonore son saint caractère... Ne l'oubliez pas, ma fille, il faut couvrir d'un manteau tout ce qui est un sujet de scandale. Les fautes d'un homme d'église ont cela de funeste qu'elles ne retombent pas seulement sur celui qui les commet, mais encore sur la religion dont il est l'indigne ministre..... Je vous supplie donc, comme chrétienne, de garder le secret du sacrilège dont vous avez témoin cette nuit.

La pieuse bourgeoise subit humblement cette réprimande.

— Mon père, reprit enfin le jeune duc, les carrosses nous attendent en bas, vous allez quitter cette simple et pauvre retraite... Vous habiterez désormais avec nous à l'hôtel de Villenègre, en attendant que nous allions en province saluer madame la duchesse ma mère, dont l'état malheureux réclame tous nos égards et toute notre pitié. Vous ne nous quitterez plus... Rosette et moi nous nous efforcerons de vous faire oublier les cruels chagrins que nous vous avons causés.

Une expression de tristesse se peignit sur le visage pâle du bonhomme.

— Y avez-vous bien réfléchi, monsieur le duc, demanda-t-il à demi-voix ; ne craignez-vous par les railleries de la ville et de la cour en gardant chez vous un père roturier, dont les allures bourgeoises pourraient vous gêner plus tard ? Ne craignez-vous que vos pas nobles parents...

— Je suis désormais le chef de ma famille, dit Villenègre avec dignité, et je saurai bien faire respecter mes droits. D'ailleurs, qui pourrait se plaindre ? n'êtes-vous pas noble aussi ? En rendant d'importants services à l'État, en remplissant, au péril de votre fortune, la charge honorable d'échevin de la ville de Paris, n'avez-vous pas conquis un blason aussi fier et aussi pur que celui des plus grands seigneurs ? On peut avouer hautement cette noblesse, mon père, et celle de tous les gentilshommes qui fréquentent la cour n'a pas une aussi belle origine !

La délicatesse et la générosité de ces sentiments portèrent à son comble l'émotion du vieillard.

— Pardonnez-moi, mon fils, dit-il avec chaleur, je vous avais méconnu.

— Ce n'est pas tout, reprit le jeune duc en arrêtant son regard sur Giles Ponselot, qui était resté sombre et muet dans un coin, vous avez trouvé dans votre malheur, un ami généreux, un serviteur fidèle... il doit prendre part à votre bonne comme à votre mauvaise fortune...

— Je ne veux rien, je n'ai besoin de rien ! dit l'apprenti brusquement.

Villenègre s'avança vers lui et lui saisit la main avec cordialité.

— Je sais d'où provient votre répugnance à rien accepter de moi, dit-il à demi - voix d'un ton affectueux : pouvez-vous m'en vouloir, monsieur Giles, d'avoir été plus heureux que vous, et d'avoir rempli mon devoir en accordant à Rosette une réparation légitime ? Vous m'avez souvent manifesté de la malveillance, et cependant je ne vous ai jamais fait aucune injure, aucun mal... malgré tous vos torts envers moi, je vous offre encore mon amitié, l'acceptez-vous ?

L'apprenti devait être touché de ce langage, si éloigné de l'insolence avec laquelle les gentilshommes d'alors parlaient ordinairement aux personnes de sa condition ; il porta à ses lèvres la main du jeune duc.

— Monseigneur.... murmura-t-il avec effort, vous méritez mieux que moi...

— Ainsi donc, interrompit Villenègre de manière à être entendu des assistants, voilà une affaire convenue ; vous serez chargé, monsieur Giles, de tout ce qui concernait le commerce de votre ancien maître; vous acquitterez ses dettes, vous réhabiliterez son nom... Mon intendant vous donnera les fonds nécessaires pour que la vieille boutique du Grand-Saint-Martin soit mieux fournie que jamais d'étoffes de toute nature... M. Poliveau vous cèdera sa maîtrise, et vous suivrez l'utile profession qu'il a honorée... Puissiez-vous être plus heureux que lui !

Poinselot, pénétré de tant de bienfaits, ne pouvait prononcer une parole.

— Il est digne de vos faveurs ! monsieur le duc, s'écria Poliveau avec joie; personne mieux que lui ne saurait faire prospérer le commerce de mes ancêtres... Giles, tu réussiras, c'est moi qui te le dis, et j'irai quelquefois dans cette boutique, dont tu seras désormais le maître, t'apporter les conseils de ma vieille expérience... Tu t'adjoindras ce bon Guillaume qui t'aimais tant, et je pleurerai de joie en vous voyant heureux !

Cependant Villenègre s'était retourné vers Rosette et lui disait en déposant un baiser sur son front :

— Eh bien, madame êtes-vous contente ?

— Vous êtes plein de bontés et de générosité, monsieur le duc, dit-elle les yeux mouillés de douces larmes.

La Defunctis, de son côté, enchantée de tout ce qu'elle venait de voir et d'entendre, s'écria avec entraînement, malgré les efforts de son mari pour la faire taire :

— Voilà ce que j'appelle un véritable gentilhomme ! et vous aussi, chère Rosette, vous serez une digne et bonne duchesse... Ce n'est pas vous qui humilierez jamais une simple bourgeoise comme moi ! Aussi j'irai vous voir bien souvent, et mes commères en mourront de jalousie... Bon Dieu ! que je suis contente !

Le jeune duc interrompit la Defunctis d'un air grave:

— Mademoiselle, ce jour ne peut être consacré à l'allégresse, il me reste des devoirs tristes à remplir... retournons à l'hôtel de Villenègre, et nous prierons pour l'âme de celui qui a consenti à mon bonheur, sans pouvoir en être le témoin !

CONCLUSION.

Quelques instants après, deux carrosses surchargés de laquais, escortés de jolis pages qui montaient de fringants coursiers, traversaient l'enclos du Temple avec toute la rapidité dont étaient susceptibles les lourdes voitures de l'époque. Quoique l'heure fût avancée, le bruit et l'éclat de ces équipages attiraient aux fenêtres les habitants de ce pauvre quartier, où l'on n'était pas habitué à de pareilles visites. En arrivant sur la place qui précédait l'entrée principale de l'enclos, le cortège, malgré le piaffement des chevaux, le retentissement du fouet et les jurons énergiques des cochers, fut obligé de ralentir sa marche. Une foule nombreuse stationnait en cet endroit, et les badauds, dont elle se composait en grande partie, se fussent laissé écraser sous les roues des carrosses, si l'on n'eût avancé avec beaucoup de précautions.

Le tumulte et l'agitation étaient tels qu'on eut d'abord quelque peine à reconnaître la cause de ce rassemblement extraordinaire. Enfin on aperçut un homme sans perruque, sans chapeau, en pourpoint déchiré et souillé de boue, cherchant à se faire entendre au milieu de la foule qui l'accablait de huées.

— C'est Angoulevent, le prince des sots ! s'écriait un des assistants en ricanant ; lui seul est capable de toutes ces rodomontades.

— C'est maître Guillaume, le fou du roi défunt, disait un autre ; le fouet, le fouet à ce pendard insolent !

Le pauvre diable s'efforçait vainement de repousser cette canaille ; il s'égosillait à lui faire entendre raison, et prenait des airs majestueux qui contrastaient avec son piètre équipage. On le tiraillait par ses vêtements, et quand il voulait résister, il lui tombait des horions de tous côtés. Les archers, proposés à la police de l'enclos, regardaient ce spectacle en riant comme les autres, sans songer à secourir celui qu'on vilipendait si cruellement.

Il tourna enfin son visage bouffi par la colère du côté des carrosses, et sa voix domina un moment les clameurs de la foule :

— Ze voule tous, manants, coquins, racaille maudite! s'écriait-il d'un ton enroué, est-ce oune raison d'insulter oun brave zentilhomme parce qu'il est tombé, cette nuit, entre les mains de plous de trente voleurs et tirelaines qui l'ont dépouillé ? S'il y a parmi vous oun seul zentilhomme, qu'il se montre et qu'il vienne sour le pré avec moi... il verra si ze souis oun galant homme !

Le son de voix, plutôt que la mine piteuse du personnage, l'avait fait reconnaître. Le duc de Villenègre donna l'ordre d'arrêter le carrosse.

— C'est cet indigne comte de Manlo, s'écria-t-il avec mépris ; sans doute on l'aura trouvé endormi

Ze vous défie tous, manants. — Page 55, col. 2.

dans l'état ou je l'ai laissé la nuit dernière, et il aura ameuté la populace autour de lui par ses insolences ordinaires...

— Eh bien, quel est votre dessein, monsieur le duc? demanda Defunctis, qui était dans la même voiture, en voyant Villenègre se lever.

— Malgré les torts de ce chevalier envers moi, il est gentilhomme... d'ailleurs, c'est moi qui l'ai mis dans cette ridicule situation...

— Y pensez-vous, monseigneur? dit le lieutenant criminel, voulez-vous donc vous compromettre publiquement pour un pareil misérable, lorsque deux de vos gens suffiront pour le dégager? Quant à sa qualité de gentilhomme ayez l'esprit en repos... Celui qui se fait appeler le comte de Manle n'a droit ni à ce nom ni à ce titre; j'en ai acquis la certitude... C'est un ancien garçon barbier nommé Jacques Fouilleret, bien connu dans la ville de Manle par ses escroqueries... depuis trop longtemps déjà, il fait de Paris le théâtre de ses exploits en trompant une foule de gentilshommes...

Le duc de Villenègre rougit en songeant aux rela-

tions presque amicales qu'il avait eues avec ce vil intrigant; puis, détachant sa bourse suspendue à sa ceinture, suivant l'usage du temps, il la remit à un page.

— Donne ceci au comte de Manle, dit-il, de la part de celui qui l'a dépouillé la nuit dernière...

— Et avertissez en même temps Jacques Fouilleret, continua Defunctis avec sévérité, que si je le rencontre à Paris dans un quartier de ma juridiction, je l'enverrai au pilori; comme je compte envoyer dans trois jours à la potence son digne ami le capitaine Coupe-Jarret... Le sergent du guet s'est emparé ce matin de ce bandit au moment où il venait rôder autour de l'hôtel de Villenègre !...

Des domestiques à cheval s'avancèrent pour exécuter l'ordre de leur maître. De Manle, ou plutôt Jacques Fouilleret, empocha la bourse et leva les yeux vers les carrosses; il aperçut Villenègre, Rosette, Poliveau et Defunctis... Avec son imperturbable impudence, il allait s'avancer pour essayer sur eux l'effet de quelque nouveau mensonge, mais les carrosses s'étant remis en marche, on abandonna le misérable aux insultantes railleries de la foule.

FIN.

Se pencher de temps en temps sur le foyer de la forge. — Page 58, col. 2.

LE DERNIER ALCHIMISTE

PAR ÉLIE BERTHET.

I

L'ATELIER.

Au fond du Marais, dans une des plus étroites, des plus sombres, des plus sales rues du quartier du Temple, on voit encore une grande maison laide, irrégulière, croulante ; la date de sa fondation importe peu pour l'intelligence de cette histoire, mais elle doit être nécessairement très-vieille, à en juger par sa construction bizarre, par ses pignons noirs et délabrés, par cet air de vétusté que le temps seul peut donner, et qu'un amateur de médailles appellerait le *vernis antique*.

Le rez-de-chaussée de cette maison, bouge obscur et sans air, qui s'ouvrait sur une cour fétide, était loué pour la modique somme de cent francs, il y a quelques années, à un vieillard mystérieux, sur lequel les commères du voisinage avaient plus d'une fois exercé leur langue.

Cependant, comme il n'y avait ni portier ni portière dans la maison, on ne savait pas grand'chose de M. Robert, ainsi s'appelait l'habitant du pauvre réduit. On avait entendu dire qu'il était frère d'un célèbre joaillier, et qu'il avait longtemps lui-même exercé la même profession; mais on n'avait aucune donnée positive à ce sujet.

Chaque fois que M. Robert, revêtu d'un antique habit noir, son costume d'hiver et d'été, traversait la rue pour aller à ses affaires, sa longue et sèche figure toujours pensive, son crâne chauve recouvert à peine d'un petit chapeau crasseux, ses grosses poches toujours pleines on ignorait de quoi, étaient successivement l'objet d'une foule de suppositions passablement hasardées.

Il avait une fille, mademoiselle Fanny Robert, jeune et jolie personne de vingt ans, timide, réservée, modeste dans ses allures et dans son costume. Elle travaillait habituellement à des ouvrages de dentelles, et elle avait, disait-on, dans ce genre d'industrie, une grande habileté. Elle sortait seulement pour reporter son travail aux personnes qui l'employaient, ou pour faire dans le voisinage les petites acquisitions nécessaires au ménage; elle se montrait alors douce, affable avec tout le monde, gaie quelquefois. Mais si une fruitière trop audacieuse, un épicier trop bavard, se risquait à la questionner sur les occupations de son père, sur leur position, sur leur famille, la jeune fille soupirait, baissait tristement les yeux, et s'éloignait en faisant une réponse polie, qui n'expliquait absolument rien.

Sur des éléments aussi simples, on avait bâti une foule de contes. Ainsi le vieux Robert, ou l'homme à l'habit râpé, comme on l'appelait, était, au dire de certaines gens, un harpagon qui s'était retiré dans ce hideux logement pour dépenser le moins possible, conserver intacts des trésors fabuleux; on l'avait entendu parler de millions, d'immense dote pour sa fille. D'autres avaient observé que toute la nuit on voyait de la lumière au rez-de-chaussée de la vieille maison, que le bruit d'une forge se faisait continuellement entendre, et ils prononçaient tout bas les mots de *fausse monnaie.* D'autres concluaient tout simplement de ces renseignements sur les occupations du vieille orfèvre, qu'il travaillait pour quelqu'un de ses anciens confrères; supposition d'autant plus probable, qu'on l'avait vu plusieurs fois entrer dans les magasins de pierreries le plus en renom. Quant à Fanny, son âge, sa modestie, sa beauté, eussent dû sans doute la mettre à l'abri des caquets. Sa petite robe était toujours de l'étoffe la plus simple et la moins chère; elle portait des bonnets de peu de prix qu'elle se brodait elle-même; elle était irréprochable dans son langage, dans ses manières et dans ses habitudes. Cependant un grand et beau jeune homme, avec des moustaches noires et des gants jaunes, rôdait parfois dans le voisinage... On l'avait vu, et on tirait de cette circonstance des inductions fort peu charitables pour la pauvre fille.

Quoi qu'il en fût de ces bavardages, par une soirée froide et silencieuse d'hiver, l'orfèvre et sa fille étaient réunis dans la pièce principale de leur pauvre appartement. Nous disons pauvre, mais non pas nu, car cette pièce était encombrée d'une prodigieuse quantité de fioles étiquetées, de creusets d'argile, de cor-

nues de verre. Sur une vaste table de chêne, s'entassaient des fragments de métaux, des minéraux, des cristallisations de toute espèce. Dans un coin, une petite forge, munie de son soufflet bruyant, brillait en ce moment d'un feu vif et faisait pâlir la lumière d'une chandelle fumeuse fichée dans un pot cassé en guise de bougeoir. Cependant, au milieu de ce désordre, on n'apercevait pas un outil, pas un ouvrage d'orfévrerie; à voir ce vieux Robert, maigre, pâle, asthmatique, dépouillé du misérable habit noir qui le couvrait d'ordinaire, se pencher de temps en temps sur le foyer de la forge, pendant que son bras étique agitait le soufflet sans relâche, on eût dit un de ces savants rêveurs du moyen-âge, dont le nom se terminait en us, et qui consumaient leur vie à la recherche de la pierre philosophale, plutôt qu'un honnête artisan du dix-neuvième siècle, travaillant à des bracelets et à des boucles d'oreilles pour les petites maîtresses de la Chaussée-d'Antin.

À l'autre bout de cette espèce de laboratoire, Fanny était assise sur une mauvaise chaise, devant une table exclusivement réservée à son usage, et couverte de broderies. Elle travaillait à l'aiguille avec ardeur, à côté de la triste chandelle dont nous avons parlé, s'interrompant de temps en temps pour approcher du feu ses doigts engourdis par le froid. Son petit bonnet de gaze était déposé près d'elle sur la table, par la raison qui avait fait quitter au vieux Robert son habit noir, c'est-à-dire par économie; ses jolies yeux ne se levaient de dessus son ouvrage qu'à de rares intervalles.

—Certainement, Fanny, quelqu'un est venu ici pendant mon absence, dit tout à coup le vieillard d'une voix cassée et haletante, en examinant un creuset qu'il venait de prendre sur la table; certainement quelqu'un m'épie et cherche à me dérober mes secrets...

— Mon père, qui peut vous faire supposer cela? dit la jeune fille en rougissant.

— On est entré ici, répéta Robert; tu n'oserais, pour rien au monde, toucher à mes creusets, et cependant celui-ci a été ouvert... Ma fille, répondez: qui est entré dans mon laboratoire?

Fanny rougit plus fort.

— Mon père, je vous assure...

— Ne mentez pas, dit le vieillard d'un ton sévère.

Il promena autour de lui un regard soupçonneux, et il aperçut un gant jaune oublié sur la table.

— A qui est ce gant, mademoiselle? demanda-t-il d'une voix foudroyante.

— Mon père... à moi, sans doute.

— Ne mentez pas, vous dis-je; il faut que je se che...

Fanny se jeta à ses genoux.

— Mon père, je vous en supplie, ne me grondez pas!

— Eh bien? demanda le vieillard avec anxiété.

— C'était mon cousin Paul.

— Toujours lui! dit l'orfèvre en jetant le gant à terre avec dépit; mademoiselle, pourquoi recevez-vous votre cousin pendant mon absence et malgré mes ordres exprès?

— Mon père, il est mon ami d'enfance, souvenez-vous du temps où vous étiez associé avec mon oncle et où vous étiez si riches l'un et l'autre!... Paul n'a pas cessé de vous aimer, mon père, et si vous ne l'aviez pas deux fois chassé de votre présence...

— Si je l'ai chassé, n'avais-je pas de bonnes raisons pour cela? répliqua le vieillard avec chaleur;

lui, le fils d'un homme qui a voulu me faire passer pour fou et me faire interdire; le fils d'un homme assez insensé pour me repousser avec mépris quand je lui offrais des millions en échange de quelques bagatelles!... Croyez-vous, mademoiselle, que ce ne soient pas là des raisons suffisantes pour rompre à jamais avec cet indigne frère et ceux qui le touchent de près? Ai-je besoin qu'ils viennent insulter par leur opulence à ma misère? Mais patience! le jour où j'aurai réussi dans mes travaux...

— Mon père, dit la jeune fille avec vivacité, Paul n'a pas la dureté de cœur de son père.... si vous saviez combien notre pauvreté le touche! Il y a quelques jours, en voyant la simplicité de ma mise, il pleura longtemps... Il me demanda si nous avions réellement achevé d'épuiser nos ressources, puis il m'offrit...

— Tu n'as rien accepté, j'espère, s'écria le vieillard avec un nouvel éclat de colère.

— Rien, mon père; vous aimeriez mieux mourir de faim que de recevoir quelque chose de votre famille, je le sais... moi, je dois mourir avec vous!

— Nous ne mourrons pas, ma fille, dit Robert avec douceur. Nous vivrons pour être aussi riches que les plus puissants rois du monde!

Fanny soupira et alla se rasseoir. Son père, plaçant le creuset dans la forge, se remit à souffler avec ardeur. On n'entendit plus que le bruit de la flamme et le pétillement du charbon.

— Fanny, reprit le vieillard en s'interrompant de nouveau, promets-moi de ne revoir jamais ton cousin...

— Mon père!...

— Tu veux donc que mes ennemis soient tes amis?

— Ah! mon père, si vous saviez!...

— Quoi donc?

La jeune fille hésita un moment. Puis elle alla se jeter en rougissant dans les bras du vieillard.

— C'est que je l'aime, murmura-t-elle en sanglotant.

— Tu l'aimes, reprit Robert tout pensif en lâchant le cordon de la forge. Tu l'aimes, pauvre enfant?... et lui?...

— Oh! il m'aime aussi... Vous oubliez donc qu'avant votre fatale querelle avec mon oncle, nous étions destinés l'un à l'autre? Paul s'en est souvenu, mon père, et malgré notre pauvreté présente, si vous y consentiez encore...

— Non, non, s'écria l'orfèvre avec empressement; Paul est riche, je ne veux pas qu'il croie te faire une grâce en te prenant pour femme... Seulement, ajouta-t-il d'un ton réfléchi et en pesant ses paroles, si jamais... ce que je veux dire... enfin, nous verrons.

— Quoi! mon père, vous consentiriez à ce mariage! dit Fanny en jetant ses bras autour du cou du vieillard; je serais la femme de Paul... mais quand donc, mon père? combien de temps faut-il attendre encore?...

— Il faut attendre, ma fille, dit le vieillard en s'animant, que tu puisses apporter à ton cousin une dot magnifique; il faut attendre que tes richesses le fassent rougir de sa fortune bourgeoise; il faut attendre que j'aie découvert ce secret que je cherche depuis si longtemps, et qui ne peut plus m'échapper; il faut attendre que j'aie trouvé l'art de FAIRE DU DIAMANT.

Cette promesse paraissait au vieux Robert devoir se réaliser promptement, mais aux yeux de la pauvre Fanny, elle équivalait à un refus complet.

Elle s'éloigna de son père, et se remit tristement

à l'ouvrage. L'orfèvre, de son côté, ranima le feu de sa forge, qui languissait depuis un moment, et tout en soufflant, il disait à sa fille:

— Pourquoi douter du succès, Fanny, pourquoi désespérer d'une réussite certaine? Presque tous les savants ont cru à la possibilité de faire du diamant.

— Mon père, soupira la pauvre enfant, Paul n'est pas de cet avis. Il dit que vous ressemblez à des gens qui vivaient autrefois et qu'on appelait des...

— Des alchimistes! reprit le vieillard d'un ton dédaigneux; monsieur Paul est aussi fou que ceux dont il parle... Ces alchimistes, Fanny, voulaient faire de l'or avec une foule de corps répandus en abondance sur la terre. C'était une utopie; l'or est un corps simple; par conséquent, il échappe à l'analyse et à la synthèse... Une molécule de cuivre sera toujours une molécule de cuivre, et ne pourra être convertie en une molécule d'or... Les anciens étaient vraiment des fous ou des ignorants! mais le diamant, Fanny, ce n'est pas un corps simple, c'est du carbone, du charbon, si tu aimes mieux, cristallisé... Tout le problème pour le fabriquer consiste donc à opérer cette cristallisation, à découvrir de quel corps s'est servie la nature comme agent... Or, j'ai déjà combiné le carbone avec plus de huit cents corps tant simples que composés... il m'en reste à peu près autant pour avoir parcouru tous ceux que la nature a probablement employés dans la formation des pierres précieuses... Tu vois donc que j'approche d'une solution, et bientôt...

— Et combien d'années vous ont occupé ces premières recherches, mon père? demanda Fanny en attachant sur lui son œil noir plein de mélancolie.

— Vingt années! ma fille, et vingt années bien rudes, tu le sais! répondit Robert avec une quinte de toux qui témoignait de la perte de sa santé à la suite de ces immenses travaux.

— Et il vous faudra vingt ans encore pour reconnaître l'inutilité de vos efforts, dit la jeune fille en baissant la tête.

— Non pas, Fanny, non pas, mon enfant! s'écria le vieil alchimiste; il ne faut pas raisonner aussi rigoureusement... peut-être cette nuit, peut-être demain, en brisant mon creuset, trouverai-je au fond ce que je cherche avec tant d'ardeur. Tiens, vois-tu? ajouta-t-il avec vivacité, en montrant à sa fille le vase tout en feu dans la forge: notre fortune est là, mon enfant... J'ai là un morceau de carbone qui, s'il se cristallisait, donnerait un diamant deux fois plus gros que le mogol, le plus gros des diamants connus! Tous les empires de l'Europe seraient obligés de se cotiser pour nous en acheter un morceau... Et alors, ma fille, continua-t-il, les yeux brillants d'un éclat extraordinaire, tu pourrais épouser un prince si tu voulais, et moi, du haut d'une voiture royale, j'éclabousserais tous ceux qui m'ont méconnu et méprisé... dans ce siècle d'argent, je commanderais, par mes incalculables richesses, au monde entier...

Il s'arrêta tout à coup au milieu de ces pompeuses rêveries et examina le feu avec inquiétude.

— Fanny, dit-il, le charbon va me manquer, et mon expérience manquerait aussi... Va, mon enfant, me chercher ma provision pour la nuit.

— Volontiers, mon père, dit la jeune fille avec hésitation; mais...

— Qu'y a-t-il donc?

— Mon père, la dame pour qui je travaille a refusé de me faire de nouvelles avances... il me reste bien peu de chose.

— Combien ?

— Vingt sous au plus.

— Il y a assez pour acheter un boisseau de charbon.

— Mais demain, mon père, comment vivrons-nous.

— Demain, ma fille, nous aurons peut-être à notre disposition tous les trésors de la terre!

Fanny, sans répondre, prit son bonnet de gaze et un petit fichu qui devait mal la garantir du froid. Elle sortit, et revint bientôt avec le charbon que son père attendait.

— Maintenant, ma petite, dit le vieillard, va prendre un peu de repos; moi, je ne puis quitter mes fourneaux et mes creusets; va, ma bonne, et prie Dieu que je réussisse cette nuit !

Fanny obéit en silence; après avoir embrassé son père, elle se retira dans la modeste chambre où elle couchait, à côté du laboratoire. Vers le matin, elle dormait d'un sommeil paisible, rêvant peut-être au bonheur qui lui était promis, quand un grand bruit l'éveilla en sursaut. Robert l'appelait de toute la force de sa voix. Elle s'habilla à la hâte et accourut vers lui.

Le désordre ordinaire de l'atelier était encore augmenté. Les fioles, les minéraux, les tables, tout était bouleversé. Le vieil orfèvre semblait frappé de folie, il riait, il pleurait, il dansait autour de sa forge ardente encore.

— Qu'est-il donc arrivé, mon père? demanda Fanny, au comble de l'étonnement.

— Ma fille, s'écria Robert d'une voix retentissante, j'ai réussi à faire du diamant !

— Cela est-il bien possible? Êtes-vous sûr que vous ne vous trompez pas cette fois comme tant d'autres?

— Non, non, reprit le vieillard en lui montrant deux petites pierres noires qu'il retira des débris du creuset. Fie-t-en à mon expérience, Fanny, ce sont là des diamants, de vrais diamants, vois-tu, quoique la surface en soit peu altérée... Je ne me trompe pas, je te le jure ! Le charbon que j'avais soumis à l'action du feu m'a donné deux diamants au lieu d'un... sans doute il se sera brisé dans l'opération... Qu'importe ! nous sommes riches, riches à jamais !

Fanny partageait avec défiance la joie de son père; il s'était déjà si souvent trompé qu'elle n'osait croire à tant de bonheur. Cependant Robert paraissait sûr de la réalité de sa découverte. Il passa le reste de la nuit à faire les expériences nécessaires pour constater l'identité des pierres qu'il avait trouvées dans son creuset avec le véritable diamant. Toutes les confirmèrent dans cette opinion.

Aussitôt que le jour parut, il se prépara à sortir pour aller annoncer sa découverte aux principaux joailliers de Paris.

— Ma fille, disait-il avec enthousiasme, je vais voir à mes pieds ces insolents confrères qui m'ont tant méprisé; je les ai tous ruinés cette nuit... mon nom ne s'effacera plus de la mémoire des hommes !

— Mon père, murmura la jeune fille, songez que nous manquons encore de pain aujourd'hui.

Le vieux Robert ne l'écouta pas. Il prit ses diamants, embrassa Fanny encore une fois, et s'élança dans la rue.

II

LES CONFRÈRES.

En parcourant la ville, il marchait d'un pas fier, la tête droite, le regard animé, murmurant à demi-voix des paroles étranges qui faisaient retourner les passants. Ses gestes majestueux, l'expression solennelle de son visage, contrastaient avec la misère de son costume et son apparence maladive. Ses narines semblaient se gonfler d'orgueil, sa poitrine se cambrait sous son antique gilet de piqué jaune; il avait enfin tout l'extérieur heureux et insolent d'un pauvre diable qui vient de faire sa fortune par un coup inattendu.

Il arriva ainsi sur le quai aux Orfèvres. Dans un des plus somptueux magasins de ce quartier, une femme, élégamment mise, trônait derrière un comptoir, brillant d'or, de pierreries et de bijoux. L'apparition d'un homme pâle, essoufflé, gesticulant comme un énergumène, et qui se précipitait presque sans saluer dans le magasin, la fit tressaillir d'effroi.

— M. Chauvin est-il là? demanda Robert d'une voix ferme.

La bijoutière ne put retenir un geste de mauvaise humeur.

— Ah ! c'est vous encore, papa Robert? dit-elle d'un ton maussade. Vous m'avez fait une belle peur !

— Votre mari, où est-il ? il faut que je lui parle !

— Eh bien, que lui voulez-vous à mon mari? Croyez-vous qu'il ait toujours le temps d'écouter des balivernes? Allez, allez, vieux fou, un bijoutier de la couronne a d'autres occupations que d'examiner les petits morceaux de verre que vous lui apportez quelquefois !...

Robert lui jeta un regard de mépris et de pitié.

— Je vous le répète, madame, il faut que je parle sur-le-champ à M. Chauvin... Il y va de sa fortune, il y va de celles de tous les marchands de diamants !

La dame sourit et haussa les épaules. Robert, impatienté, allait peut-être répliquer vertement, quand le bijoutier, attiré par le bruit de cette discussion, parut dans le magasin. C'était un homme d'une quarantaine d'années, de figure douce et paisible.

— Eh bien ! eh bien ! Lolotte, qu'y a-t-il donc? pourquoi tourmentes-tu ce pauvre diable? demanda-t-il en adressant à sa femme un regard significatif, comme pour lui faire entendre qu'on devait avoir égard à la faiblesse d'esprit du vieux Robert.

— Mon confrère! s'écria l'alchimiste, ne voyant, n'entendant rien de ce qui était étranger à sa découverte, passons dans votre cabinet; j'ai un important secret à vous communiquer !

— Vous pouvez parler devant Lolotte, dit le bijoutier avec un imperceptible sourire.

— Oh ! si vous saviez !...

— Je gage que je devine... Vous avez trouvé le moyen de faire du diamant, n'est-ce pas?

Et ces paroles étaient accompagnées d'un nouveau regard de Chauvin à sa femme pour lui reprocher de s'être attaquée à un malheureux insensé. Robert, d'abord déconcerté, répondit vivement :

— Oui, confrère, du vrai diamant cette fois. Ce n'est plus du strass comme l'autre jour, ni du quartz altéré par le feu, ni des vitrifications métalliques !... du diamant aussi pur que ceux de l'Inde ou du Brésil!

— C'est bien, dit tranquillement Chauvin en se préparant à sortir. Mais je suis un peu pressé, papa

Robert, j'ai à livrer deux croix en rubis à un ministre étranger... Nous verrons vos essais une autre fois... Lolotte, continua-t-il, donne *quelque chose* à ce pauvre Robert! il a sans doute besoin d'un peu d'argent pour acheter les objets nécessaires à ses expériences... et aussi pour acheter du pain à sa fille, murmura-t-il tout bas; on doit secourir un ancien confrère tombé dans l'indigence!

— Oui, voilà comment vous êtes, monsieur Chauvin! s'écria la jeune femme avec colère; vous vous laisseriez arracher les entrailles pour faire une aumône, et parce que ce vieux fou, ce vieux fainéant, ce vieux mendiant...

Un geste énergique de Robert lui coupa la parole.

— Je ne suis ni un fou ni un mendiant, madame, dit-il d'une voix imposante. Si quelqu'un ici peut faire l'aumône, ce n'est pas votre mari, mais moi... Voyez, Chauvin, ajouta-t-il en déposant ses deux diamants sur le comptoir, si celui qui peut créer de semblables choses a besoin de demander l'aumône!

Le joaillier jeta un regard distrait et indifférent sur ce que lui présentait le vieillard.

— Allons! allons! papa Robert, ne vous fâchez pas; ma femme est un peu vive, mais elle est bonne au fond... Revenez me voir; quand j'aurai plus de temps, nous examinerons vos nouveaux produits! Allons, ne soyez pas fier; Lolotte va vous donner cinq francs, et à revoir...

Il s'approcha de la porte, comme pour rentrer dans un atelier voisin, et congédia d'un signe le vieil alchimiste.

— Mais ce sont des diamants, de véritables diamants! s'écria celui-ci d'une voix éclatante, et c'est moi qui les ai faits! Regardez-les seulement; ils sont bruts, et le feu les a un peu ternis à la surface, mais jamais on n'en a vus de plus limpides et de plus durs... Ce sont de vrais diamants, confrère! Ils rayent le verre et le cristal... Je m'y connais: j'ai été aussi pendant vingt ans joaillier!... Chacun d'eux vaut mille écus, mais je les donne pour mille francs pièce... car j'en ferai d'autres, j'en ferai de trois cents carats, j'en ferai que tout l'or monnayé de l'Europe ne pourrait payer!

Ces paroles, prononcées d'une voix forte et sonore, commençaient à attrouper les passants devant le magasin. Chauvin perdit patience.

— Écoutez, père Robert, reprit-il, ceci commence à devenir fatigant... Acceptez ces cinq francs, et laissez-moi à mes affaires. Je vous répète que le temps me presse, et...

— Ce fou est insupportable! s'écria la jeune femme. Cela vous apprendra, monsieur Chauvin, à ton ménager ses manies, au lieu de le renvoyer, une bonne fois pour toutes, à Charenton!

— C'est vous qui êtes de véritables insensés, reprit le vieillard avec une nouvelle énergie: je viens vous offrir la fortune, et vous me chassez! Je viens vous donner part à ma sublime découverte, et vous m'insultez par votre stupide pitié!

— Monsieur Robert, dit Chauvin en montrant la foule assemblée devant sa boutique, je n'ai pas envie de voir une émeute chez moi... je vous prie donc de nous laisser tranquille, et de vous retirer sur-le-champ.

— Oui, ajouta sa femme en agitant d'un air furieux ses ciseaux à broderie, retirez-vous bien vite, entendez-vous? ou je vais appeler les ouvriers et vous faire jeter à la porte!

A cette menace, le vieillard prit son chapeau, re-

laça ses diamants dans sa poche et dit avec dignité :

— Je vous voulais du bien, car vous n'avez pas toujours été impitoyables envers moi... Que votre obstination retombe sur votre tête; elle vous coûtera des larmes de sang!

Puis il sortit et s'éloigna à travers la foule curieuse, laissant les deux époux se communiquer leurs réflexions sur ce qu'ils appelaient le radotage d'un vieillard tombé en enfance.

— Pauvres gens! disait-il en parcourant le quai; ils se réjouissent maintenant de s'être débarrassés de mes importunités qui tendaient à les rendre riches et heureux!

Sans perdre courage, il entra chez un autre marchand de pierreries qui lui était inconnu. Celui-ci jeta un regard de pitié sur le costume misérable de Robert, et, comme Chauvin, il ne voulut pas même examiner les pierres précieuses qu'on offrait de lui vendre.

— Allez, allez, mon brave homme, on ne m'y trompe guère, dit-il en cherchant à prendre un air rusé : des diamants de cette grosseur ne se trouvent pas dans la Bièvre... Vous avez là deux cailloux du Rhin valant peut-être un petit écu... encore l'acquéreur ferait-il un mauvais marché.

— Mais ce sont de vrais diamants! et c'est moi qui les ai faits! s'écria le bonhomme devenu furieux.

Le joaillier lui rit au nez :

— Allez, allez, beau faiseur de diamants, dit-il d'un ton malin, cherchez d'autres dupes, si vous pouvez en trouver.

— Mais, répéta le vieillard avec instance et en frappant du pied, un enfant qui n'a jamais vu ni touché de pierreries vous en dirait le prix... La couleur, le poids, la finesse du grain, le transparence, tout vous indique que ce sont des diamants!... Regardez-les de près; au nom du ciel! veuillez seulement les regarder.

— Des cailloux du Rhin sont des cailloux du Rhin, reprit le boutiquier, piqué de voir qu'on révoquait en doute ses connaissances en pierres précieuses; cela vaut trois francs, les voulez-vous?

Et il tourna le dos au malheureux Robert.

— Le sot, l'orgueilleux, murmurait celui-ci en arpentant le trottoir de la rue; il sacrifie son intérêt à son amour-propre, comme Chauvin à ses préjugés... Est-il donc si difficile de faire accepter aux homme cette richesse qu'ils désirent toujours?

Il entra chez un troisième orfèvre qui, pour cette fois, examina les pierres avec beaucoup d'attention; il parut convaincu de leur valeur, mais il conçut des doutes sur la légitimité de la possession de Robert. Il demanda avec défiance :

— De qui tenez-vous ces diamants, monsieur?

Robert bondit de joie.

— Oh! ce sont des diamants, n'est-ce pas? Vous l'avez reconnu de suite, vous; eh bien, c'est moi qui les ai faits, monsieur; j'y travaille depuis vingt ans; j'ai trouvé ceux-là dans mon creuset la nuit dernière... N'est-ce pas que ce sont de vrais diamants?... Ah! je le savais bien, moi!

Le joaillier garda un moment le silence.

— Monsieur, dit-il enfin avec une brusque franchise, permettez-moi de vous le dire tout net, ou vous êtes fou ou vous êtes un voleur... Je ne crois pas à la possibilité de faire des diamants, et si vous avez rêvé que ceux-là sont de votre fabrique, je ne veux pas conclure de marché avec un homme susceptible de

telles visions: je suis trop honnête homme pour cela...
Si vous les avez volés, comme votre doute sur le
prix pourrait me le faire croire, je ne me soucie d'a-
voir directement ni indirectement de rapports avec
la police... Ainsi donc, allez vous faire pendre ailleurs... je ne retiendrai pas même les diamants,
comme j'en aurais le droit peut-être, jusqu'à ce qu'on
ait retrouvé le légitime propriétaire. Mais hâtez-vous
de sortir de chez moi, de peur que je ne change
d'avis !

Robert, pas plus que cet honnête négociant, ne se
souciait, pour le moment, de mêler la justice à ses
affaires; il s'empressa donc de profiter de la permission qui lui était accordée. Il prit ses diamants et
sortit avec précipitation.

— Voilà donc à quelles avanies un inventeur est
exposé, disait-il en regagnant son quartier lointain;
pour les uns on est un fou, pour les autres un igno-
rant ou un fripon... Mais n'importe, continuait-il en
regardant d'un air méprisant la foule qui passait près
de lui, tôt ou tard on me rendra justice ! Je me pré-
senterai à l'Académie des sciences, j'annoncerai quel
magnifique secret j'ai découvert, il faudra bien qu'on
reconnaisse la vérité... alors mon nom sera aussi célèbre que celui des hommes de génie; les honneurs,
les richesses m'accableront !

III

L'INVENTEUR.

Pendant qu'il faisait ces réflexions, il se trouva
devant sa maison, toujours aussi noire, aussi repous-
sante, aussi misérable que de coutume. Il entra
poursuivi par ses idées de fortune; Fanny, pâle
et tremblante de faiblesse, accourut dans l'allée au-
devant de lui :

— Eh bien! mon père, s'écria-t-elle, quelle nouvelle apportez-vous?

— Ma fille, dit Robert avec embarras, je n'ai pu
réussir à vendre mes diamants; mais ce soir... demain...

Fanny dirigea la marche de son père dans le cor-
ridor obscur. Lorsqu'ils furent arrivés dans le laboratoire, elle alluma un peu de feu pour réchauffer
les membres glacés du vieillard, et pendant qu'elle
se livrait à ces occupations, elle lui adressait de tendres consolations pour l'avenir. Quand Robert se fut
un peu réchauffé, il dit à sa fille :

— La nuit approche, et je n'ai encore rien pris;
je suis épuisé de fatigue... N'as-tu rien à me donner
à manger ?

La pauvre enfant se mit à fondre en larmes.

— Mon père, dit-elle d'une voix entrecoupée de
sanglots, hier j'ai dépensé notre dernier argent
pour acheter le charbon nécessaire à votre expérience. Je dois déjà à la dame pour qui je travaille
plus que je ne pourrai gagner en quinze jours, et en
quinze nuits... Ce matin, quand j'ai voulu vous préparer votre déjeuner, le boulanger et la laitière
m'ont refusé crédit...

— Mais toi, Fanny, ma bonne Fanny, tu n'as pas
déjeuné non plus ! interrompit Robert avec désespoir, et hier il n'est rien resté de notre frugal dîner !
aussi tu es pâle, Fanny, tu es malade !...

— Oh ! non, mon père, dit Fanny en essayant de
sourire.

Mais ses forces trahirent son courage, elle tomba
à demi-évanouie dans les bras de l'alchimiste.

— Oh ! mon Dieu ! que faire ? s'écria celui-ci; j'ai

pourtant là une fortune immense... je suis plus riche
qu'un prince... et ma fille va mourir de faim !

Il s'empressa de la transporter sur son lit. Un peu
de vin, auquel l'enfant n'avait pas voulu toucher,
restait encore; il fit avaler presque de force à la
pauvre Fanny. Quand il la vit un peu plus calme, il
s'élança hors de la maison pour aller chercher du
secours.

Le soleil était déjà couché ; un brouillard épais se
répandait dans les rues sombres; quelques passants
précipitaient leur marche sur le pavé sec et glacé. Robert, seul, abattu, désespéré, pressé par ses propres
besoins et par ceux de sa fille bien-aimée, la tête perdue, les idées bouleversées, ne savait de quel côté
diriger ses pas. Il songea à aller trouver Chauvin
qui avait voulu lui faire l'aumône le matin, ou bien
encore le joaillier qui lui avait offert trois francs de
ses diamants. Mais il était bien loin du quai des
Orfèvres, et pendant ce long trajet qu'adviendrait-
il de sa fille ? D'ailleurs aurait-il la force de se traîner lui-même jusque-là ? Une seule ressource lui restait; c'était de vendre ses diamants à vil prix, qu'im-
portait cela ? le lendemain il pouvait en fabriquer de
plus précieux. Aussi, ne sachant plus que devenir,
dans le délire de la fièvre et de l'inquiétude, il prit
le parti le plus bizarre et le plus insensé ; il alla de
porte en porte offrir ses diamants. Les uns se mo-
quaient de lui, les autres le repoussaient avec le
flegme imperturbable du Parisien occupé, d'autres
ne l'écoutaient pas.

Alors Robert, exaspéré de plus en plus par la souffrance, se mit à courir après les passants.

— Voyez, disait-il, ce sont des diamants, la misère me force à les vendre... Oh ! ce sont de vrais
diamants, je vous le jure sur mon baptême ! Ils ne
sont pas polis encore, mais ils brilleront d'un éclat
éblouissant quand le lapidaire y aura passé. Ils valent
mille écus, et je les donne pour cent francs !... Ne
vous étonnez pas de la modicité du prix; mais si vous
ne les achetez pas de suite, ma fille et moi nous serons morts demain de faim et de froid.

Mais les passants ne s'arrêtaient pas; ils s'enveloppaient dans leurs manteaux et s'éloignaient sans
même jeter un regard sur le souffreteux qui les
implorait. Il arriva ainsi jusqu'au boulevard. La
singularité de ses propositions attira bientôt la foule
autour de lui. Il montrait toujours ses diamants et
diminuait de plus en plus ses prétentions, afin d'encourager les acheteurs.

— Voyez, disait-il, en s'adressant à ceux qui l'en-
touraient, voyez où me pousse la misère; je donnerai
mes diamants pour dix francs... celui qui les achè-
tera possédera presque une petite fortune, et il aura
fait une bonne œuvre, car je pourrai secourir ma
pauvre fille, qui va mourir...

Des injures, des sarcasmes, des éclats de rire furent toute la réponse que reçurent ses prières et ses
larmes.

— C'est un fou, murmurait l'un.

— C'est un comédien, disait un autre.

— Il y a quelque gageure là-dessous ! disait un ba-
daud d'un ton capable.

— Eh bien ! s'écria enfin le pauvre alchimiste,
poussé à bout, si personne ne veut m'acheter mes
diamants, au moins soyez assez charitables pour
me faire l'aumône... ayez pitié de ma fille et de
moi !

A peine avait-il achevé ces mots que la foule s'entr'ouvrit tout à coup; deux sergents de ville s'empa-

rèrent brutalement de lui et l'arrêtèrent comme mendiant, vagabond et peut-être voleur.

— Robert prononça contre l'humanité tout entière une effroyable malédiction et se laissa entraîner. Les sergents de ville le conduisirent au prochain corps de garde; il passa la nuit dans une sale et hideuse prison, avec des malfaiteurs qu'on venait d'arrêter en flagrant délit de vol.

Le lendemain matin, aux premières lueurs du jour, la porte s'ouvrit, et quelques personnes entrèrent précipitamment dans la prison.

— Mon père! mon père! s'écria une voix bien connue.

Le vieillard, se soulevant lentement sur la paille où il était couché, dit d'une voix mourante :

— Fanny, est-ce toi? Quel ange bienfaisant t'a sauvée ?

— Oh! mon père, pourquoi m'avez vous quittée hier au soir ?... Paul est venu à mon secours quelques instants après votre départ; nous avons passé la nuit à vous chercher...

— Vous êtes libre, mon oncle, dit en ce moment un jeune dandy, en lui serrant respectueusement la main.

— Pas encore, monsieur, dit un homme de police qui était présent : on a trouvé sur ce malheureux deux diamants bruts dont il n'a pu expliquer la possesion, et il faut savoir...

— L'explication est très-simple, monsieur, répliqua Paul : mon oncle est pauvre, mais trop fier pour accepter volontairement des secours de sa famille.... Je me suis introduit chez lui, et j'ai caché deux diamants dans l'un de ses deux creusets... il a pu croire qu'ils étaient le résultat de ses combinaisons chimiques, et il ne s'est pas trouvé humilié en recevant un don...

Il fut interrompu par un cri déchirant du vieillard.

— Paul, s'écria-t-il, c'est vous qui me portez le dernier coup... J'avais l'espoir, en mourant, de me venger de cette misérable humanité en emportant un secret si précieux... Pourquoi ne m'avez-vous pas laissé mon illusion ?

Il retomba sans mouvement sur la paille. Il était mort.

Quelques mois après, Fanny épousa son cousin. L'on cherche encore le moyen de faire du diamant.

LA TOUR MAUDITE

PAR OCTAVE FÉRÉ.

Près de Caudebec-en-Caux, on aperçoit encore, sur la lisière d'un petit bois, les vestiges d'un ancien donjon, amas presque entièrement écroulé de pierres et de débris, au milieu desquels il ne reste debout qu'un pan de muraille entouré d'un fossé d'une certaine profondeur. Il y a vingt ans à peine, ces ruines, moins bouleversées, étaient d'un effet merveilleux et fantastique, lorsque surtout, la lune éclairant leur sommet, faisait ressortir les reliefs de leurs ombres. Aujourd'hui encore, malgré tout ce qu'elles ont perdu de leur forme pittoresque, elles prêtent à la poésie. On devine, en les apercevant, qu'elles ont à raconter quelques histoires sinistres, et l'on n'est pas surpris, si le temps est sombre, si l'orage gronde, de voir l'habitant du pays se découvrir et se signer dévotieusement en passant à leur pied. — Il aimerait mieux sentir ses habits traversés par la pluie de l'ouragan que d'y chercher abri un seul instant.

C'est que ces pierres ont vu de terribles et étranges événements! C'est qu'elles ont été la demeure d'un bien redoutable hôte. Jadis elles eurent pour maître Monseigneur Henrique de Maulévrier. C'était un gentilhomme cruel aux manants, terrible à ses serviteurs, redoutable à sa famille fourbe, à ses voisins, perfide à ses alliés. Oncques mécréant n'occupa plus discourtoisement sa vie. Il blasphémait à tout propos le nom de Dieu, maugréait contre les hommes, tempêtait contre lui-même. Heureux encore, lorsque, dans ses humeurs fantasques, il avait ses chiens à battre, ou bien des coups de fouet tombaient sur le dos de ses vassaux. Sans compter des droits seigneuriaux, j'ai oublié lesquels, dont il usait, dit la tradition, avec une licence païenne. Aussi se disait-on tout bas dans le canton, qu'assurément il avait du sang de maudit dans les veines, ou qu'un pacte l'unissait à quelque génie des ténèbres.

Mais ce qui n'était pas moins surprenant, c'est que ce mécréant avait un chapelain à son service. Il fallait que le digne personnage fût bien malhabile pour ne pas amener son maître dans la voie de la résipiscence; ou que celui-ci fût bien enraciné dans le mal, pour ne pas céder aux exhortations de son aumônier. Nous préférons toutefois cette dernière supposition et nous nous y arrêtons charitablement... pour le chapelain. Il y avait cependant fort à reprendre sur sa façon d'agir, car s'il y avait quelque mal à faire et qu'on le consultât, il trouvait toujours moyen de mettre les choses au pis; si par exemple son maître lui disait :

— Ferai-je pendre ce drôle, bâtonner ce valet, fustiger ce manant?

Sa réponse était indubitablement affirmative.

L'extérieur de ce personnage ne prévenait pas beaucoup en sa faveur. Il avait les cheveux roux comme ceux de Judas, dont le nom soit exécré. De longues dents jaunâtres ressortaient par-dessus ses lèvres; ses doigts osseux se terminaient par des ongles pointus, si durs et si rugueux qu'on eût dit des griffes. Quand il riait, ce qui ne lui arrivait que dans les malheurs publics ou privés, on eût dit un globe d'airain qui se fend, tant c'était aigu et discordant. Son prédécesseur, un saint homme, que Henrique n'aimait guère, avait été trouvé mort subitement dans son lit; et dès le lendemain il se trouvait, lui, installé auprès du sir de Maulévrier. Cela aurait bien pu donner à penser.

Or, il advint que Henrique, ayant eu une violente discussion avec un de ses voisins dont il convoitait les biens, résolut, sur l'avis et les conseils de son aumônier, de s'emparer de son château. Ayant rassemblé tous ses hommes d'armes, les ayant armés jusqu'aux dents, suivi d'un grand nombre de ses vassaux transformés en soldats, il vint mettre le siége devant la demeure de son ennemi. Mais celui-ci, prévoyant cette attaque, s'était mis si bien en mesure d'y résister, qu'il fut impossible d'entamer ses murailles ni de franchir ses fossés.

— Chien maudit! s'écria Henrique, écumant de rage, m'aurait-il donc insulté en vain. — Moi, le sire de Maulévrier, ne pouvoir forcer ses portes! m'arrêter devant le pont-levis! — Oh! mes hommes d'armes, mes braves serviteurs repoussés! Damnation!

Ses imprécations pas plus que ses efforts ni ses coups n'ébranlèrent les remparts de son voisin; après avoir tenté tous les moyens, voyant que la lutte était inégale, qu'on se riait de ses menaces, qu'on massacrait ses soldats par des projectiles lancés du haut des remparts; Henrique donna le signal de la retraite.

Il s'en retournait ainsi chez lui le front bas et humilié, quand subitement il s'arrêta, frappant du pied:

— Dieu me soit maudit, blasphéma-t-il, puisse Satan avoir mon âme!

Vilaines et perverses paroles, qu'il ne faut jamais prononcer, comme vous allez voir, parce que les anges des ténèbres rôdent toujours autour de nous pour nous faire pécher. — Un rire âcre et aigu retentit à ses oreilles; il se retourna et aperçut..... le diable? — Non, sir Hugues.

— Si Santan acceptait, Monseigneur, ricana le chapelain en montrant ses longues et détestables dents, il pourrait bien vous livrer un château pour votre âme.

— Oh! par Béelzébuth, que cela soit ainsi! Oui, mon digne abbé, corps, âme, vous aussi, ma foi! Je donnerais tout pour me venger!

— Il est vrai que vous avez été rudement outragé. Le moine riait toujours.

— Je vois à votre rire qu'il arrivera quelque malheur ici; je ne sais à qui; mais je jure que, fût-ce à moi, je suis prêt à tenir ce que j'ai promis.

— Eh bien! Satan a peut-être entendu et accepté!

Alors il s'approcha de l'oreille de son maître et lui parla bas. Une joie affreuse dilatait tout son visage. Quand il eut fini, Henrique, dont les traits étaient décomposés, murmura:

— Oui, mon âme!

— Si Béelzébuth vous donnait une tour, ajouta le chapelain, vous pourriez bien lui donner la vôtre en échange.

— De grand cœur! Tour, domaines, vassaux, qu'il ait tout, mais que je pende mon ennemi!

— Va donc, tu seras satisfait.

Le chapelain disparut. Henrique fit volte-face.

Deux heures après il était vainqueur. — Une potence s'élevait, on y attachait le vaincu et ses serviteurs.....

La nuit suivante, le sire de Maulévrier reposait tranquillement, peu soucieux de sa conscience. Un coup de tonnerre, qui ébranla tout le château, vint le réveiller. — Saisi d'une terreur mystérieuse, il se mit sur son séant. Tout était redevenu silencieux, mais son cœur battait si violemment qu'il en entendait les pulsations... L'horloge du château laissa tomber, comme un glas funèbre, les douze coups de minuit. Henrique se sentit peur... Il voulut appeler, sa bouche ne trouva pas de paroles, sa langue était glacée. Une lueur blafarde et sulfureuse se répandit à l'entour de la chambre; des hommes dont il avait un va-

gue souvenir (ils ressemblaient à ceux qu'il avait fait mourir le matin, mais leurs formes étaient vaporeuses, indécises) dressèrent un gibet au milieu du parquet. Cela fait, ils se prirent les mains et dansèrent à l'entour, sans que leurs pas rapides et pressés produisissent le moindre bruissement. Puis, la ronde fantastique s'ouvrit, quatre ensevelisseurs parurent portant un cadavre, tous les autres se prosternèrent la face contre terre; le cadavre se dressa tout debout, c'était le voisin d'Henrique... il tourna ses yeux glauques et vitrés vers lui, tira du suaire qui le couvrait, un bras blême et décharné qu'il étendit vers son bourreau en lui disant d'une voix caverneuse:

— A bientôt, sire de Maulévrier!

Tout disparut aussitôt.

Combien de fois se renouvela cette horrible vision? Notre Sauveur, qui punissait les crimes de ce pervers, le sait. Mais sans doute elle eut lieu souvent, car on vit Henrique décliner et dépérir, comme rongé d'un mal incurable, jusqu'au jour où ses serviteurs le trouvèrent étouffé dans sa chambre à coucher.

Depuis lors le castel fut inhabitable. Des bruits affreux, des mugissements lugubres, des cris infernaux ne cessaient d'y retentir. Il apparaissait çà et là aux croisées des figures bizarres. Nul dans le pays n'osait pendant la nuit en approcher; on assurait même avoir vu la figure du chapelain dans un tourbillon de bitume enflammé errer de côté et d'autre sur les créneaux.

Les héritiers de Henrique désirant entrer en possession du donjon, résolurent d'y faire passer les prières de l'exorcisme. Pressé par leurs instances, le prieur de l'abbaye voisine consentit à bénir la tour.

On alluma une centaine de cierges devant le patron du pays, puis croix et bannières en tête, chaque paroissien prit un vase d'eau bénite à sa main.

De son côté Satan, en capitaine prévoyant, avait mis mille barricades aux portes; l'eau bénite n'y pouvait rien. Pour un coup de goupillon on recevait comme un défi, un long et scandaleux éclat de rire... L'abbé saisit le manche de la croix et frappa contre la porte, récitant à haute voix *l'attollite portas!!!*

— La porte résonna sous le coup fortement appliqué, et alors seulement Satan ne sachant trop comment les choses pourraient issir, consentit à parlementer et à cette fin de recevoir dans la salle d'honneur douze de ses ennemis. — Ceci convenu, il se poste à l'entrée du donjon, puis les laisse défiler, comptant sur ses griffes. Soit malice, soit inattention, le bon pasteur s'était mis en plus des douze délégués et en entrant il présenta très-gracieusement son goupillon à son hôte. Celui-ci ne voulant pas rester en arrière de politesse et appliqua une de ses griffes, mais il ressentit une si cuisante douleur, qu'il s'exclama d'une façon formidable. La légion des maudits qu'il commandait, crut que la trêve était rompue et se précipita sur les hommes du Seigneur. Ce fut une horrible mêlée, dans laquelle les parlementaires répandirent sur les dalles des corridors toute leur eau bénite. Tout est renversé, culbuté, l'abbé lui-même se sent imprimer au visage deux griffes acérées. Il fallut vivement se retirer.

Mais Satan ne pouvant vivre non plus dans un lieu qui avait été ainsi aspergé et exorcisé, fut obligé de battre en retraite, et d'abandonner un domaine si légitimement acquis. Cependant depuis cette catastrophe il ne se trouva personne d'assez intrépide pour habiter *la Tour maudite*.

www.ingramcontent.com/pod-product-compliance
Lightning Source LLC
LaVergne TN
LVHW022122080426
835511LV00007B/975